Molière

Le Tartuffe

Édition présentée,
établie et annotée
par Jean Serroy

Professeur à l'Université Stendhal
de Grenoble

Gallimard

PRÉFACE

Le pauvre homme ! À le voir « gros et gras, le teint frais, et la bouche vermeille », on lui donnerait facilement le Bon Dieu sans confession. Et pourtant, à peine le regarde-t-on de près que les questions se posent et que les difficultés commencent. Ces rougeurs de teint et ces rondeurs de ventre qui dénoncent le bon vivant, sont-elles de Tartuffe, le personnage, ou de Du Croisy, le gros et sanguin créateur du rôle, sortant tout juste de la cuisine de Maître Jacques, le cuisinier d'Harpagon, qu'il interprétait dans L'Avare ? Que cache donc cette grosseur apparente ? Et pourrait-on imaginer un Tartuffe maigre, émacié, ascétique comme il prétend l'être ? Ses rondeurs rougeaudes tireraient-elles le bonhomme vers le « pourceau de sacristie », le « grossier bedeau », le « parasite » qui s'engraisse sur le dos d'Orgon, dans une comédie qui, brodant autour du personnage du goinfre, garderait au premier chef sa dimension farcesque ? Ou, à l'opposé, sous ses habits noirs et sa mine sévère, l'homme ne promènerait-il pas un air inquiétant de prédateur, prêt à fondre sur ses victimes pour les dépecer, dans une comédie noire qui tournerait carrément au drame ? À moins encore que le côté répugnant du personnage ne soit lui-même qu'un leurre, et que sa prétendue laideur n'exerce une trouble fascination sur ses victimes. Tartuffe séducteur ? Nombre des plus aiguës parmi les interprétations modernes n'ont pas craint de pousser dans cette direction. Du coup, Tartuffe n'en finit pas de rester une énigme. À ceux-là mêmes qui mettent en doute ses talents d'hypocrite, la réception constamment renouvelée de l'œuvre et les interprétations les plus contradictoires qui en ont été données apportent comme un démenti évident : le personnage n'en finit pas de tromper son monde, et, à qui croit le saisir, il échappe encore et toujours. La pièce de Molière avance masquée : c'est sa seule certitude avérée — Tartuffe, dès la première version de la comédie, est « l'Hypocrite », lié par l'étymologie même au masque de théâtre — et sans doute est-ce là sa vérité profonde.

Enjeux de théâtre

Le premier enjeu de la pièce est en effet théâtral. Le Tartuffe n'est pas un accident dans la carrière de Molière, il s'inscrit dans une histoire et un contexte qui expliquent à la fois la violence des réactions que la pièce a suscitées et la volonté inflexible de Molière de réussir, vaille que vaille et coûte que coûte, à faire jouer sa comédie. Curieusement, le contenu de la pièce en a souvent occulté la forme. Or le scandale du Tartuffe est d'abord lié à la nature spécifique de la pièce — une comédie —, et la constance qu'apporte Molière à imposer celle-ci s'explique par tout autre chose que par la volonté de faire triompher une idéologie, laquelle apparaît d'ailleurs suffisamment brouillée pour qu'aujourd'hui encore elle soit susceptible d'interprétations diverses et parfaitement opposées. Avec Le Tartuffe, ce que Molière met en jeu, c'est en fait sa conception même de la comédie. Sa pièce s'inscrit en droite ligne dans le fil d'un combat qu'il mène depuis qu'il a commencé à jouer sur la scène parisienne un rôle central, et notamment depuis L'École des femmes.

Jusque-là, le théâtre comique, nourri à la farce, à la commedia dell'arte et à la comedia espagnole, est resté cantonné à une place subalterne dans la hiérarchie des genres dramatiques. Les nombreux succès qui ont marqué la scène comique, de Corneille à Scarron, n'ont en rien remis en question la distinction qui s'est imposée depuis les années 1630, et selon laquelle seule la tragédie, mettant en scène de grands personnages et de grands sentiments, peut traiter des grands sujets. À la comédie reviennent personnages médiocres — c'est-à-dire moyens —, sentiments et sujets à l'avenant. On peut évidemment s'interroger sur le pourquoi d'une classification si rigoureuse que, lorsque Molière cherche à la briser, il suscite une réprobation dont la violence montre bien que toucher en la matière à l'ordre reçu est assimilé ni plus ni moins à une entreprise de subversion. La question proprement dramatique n'est pas seule en cause, ou plutôt elle est révélatrice d'enjeux plus profonds, qui engagent l'ordre social lui-même. Si la comédie s'est vu définir comme un genre inférieur par les doctes, c'est certes d'abord que, quelque peu délaissée par Aristote, elle apparaît comme un parent pauvre par rapport à la tragédie. La grande volonté de définition et de hiérarchisation des genres qui marque la vie littéraire du milieu du siècle lui a ainsi aménagé, au vu des traditions dont elle tire son origine mais compte tenu aussi de la dignité nouvelle qu'elle s'est acquise avec des pièces nettement plus ambitieuses que les pochades bouffonnes de la farce, une place estimable mais néanmoins secondaire, que nul, parmi ceux-là mêmes qui écrivent des comédies, n'a jamais cherché à remettre en cause. Il va de soi que la comédie n'est pas à prendre au sérieux ; ce qui n'empêche nullement bien sûr qu'on y trouve du plaisir. Mais ce qui ébranle, ce qui émeut, ce qui met l'homme face à ce qu'il a de plus profond en lui, ce n'est certainement pas sur la scène comique qu'on imagine pouvoir le chercher.

Toutefois, une autre raison concourt à maintenir la comédie dans les strictes limites qu'on lui impartit. Même si le rire n'est pas premier dans la définition de la comédie — et le renouveau du genre dans les années 1630 a amené Corneille, dans la préface de **Don Sanche d'Aragon**, à insister sur la formule d'Heinsius : « *Movere risum non constituit comœdiam* » (la *comédie ne se définit pas par le rire qu'elle excite) —, il n'en est pas moins un élément quasi obligé, non seulement par suite de toute la tradition comique, mais du fait même que le spectacle de la médiocrité offre à celui qui le regarde ce sentiment de supériorité qui engendre le rire. Le médiocre est risible, il incite donc au rire. Des grossières plaisanteries de la farce au sourire moqueur et plus raffiné que suscite la mise en scène des ridicules dans les comédies d'intrigue ou de mœurs, le rire a comme naturellement droit de cité dans l'univers de la comédie. Ce qui explique que, dans la condamnation générale que l'Église fait peser sur le théâtre, la comédie soit non seulement incluse mais tout particulièrement visée. Si le théâtre excite les passions que la vie chrétienne a précisément pour but de combattre, le théâtre comique ajoute cette circonstance aggravante qu'il suscite le rire, lui-même condamnable, en ce qu'il s'oppose à la charité chrétienne. Nicole et Bossuet sont sur ce point d'accord : le Christ n'a jamais ri. Pernicieux, vaguement satanique même, le rire est, selon Bossuet, « indigne de la gravité des mœurs chrétiennes ». La comédie ne saurait être qu'une école d'immoralité.*

Dans cette querelle multiséculaire du théâtre qui remonte aux Pères de l'Église et qui, du fait de l'importance que la scène prend au XVIIᵉ siècle, se trouve relancée par la réussite des œuvres dramatiques et par le succès qu'elles obtiennent, un pic va précisément être atteint avec les comédies de Molière. Or les attaques qui s'élèvent contre celui-ci sont antérieures au Tartuffe. *Si l'affaire du* Tartuffe *cristallise bien les enjeux de la querelle, l'objet profond de celle-ci est à chercher dans l'entreprise moliéresque elle-même, telle qu'elle se dessine très tôt à travers les œuvres qu'il livre au public. Car, si Molière a commencé par la farce — et l'on sait qu'il doit son installation à Paris au succès remporté devant le roi par une simple pochade,* Le Docteur amoureux —, *il a toujours été attiré par le tragique, en tant qu'acteur, persuadé de posséder un talent pour la tragédie, mais en tant qu'auteur aussi, s'essayant avec* Dom Garcie de Navarre, *au registre sérieux. Sans doute l'échec de la pièce n'est-il pas pour rien dans le fait que, se spécialisant dès lors dans la seule comédie, il charge celle-ci de cette tentation tragique qui est au cœur de son univers théâtral et qu'il assigne au comique une tout autre visée que le simple divertissement grossier. Si la constituante farcesque reste constante tout au long de son œuvre, Molière, élargissant le registre du genre, fixe à la comédie une ambition nouvelle : voulant en faire le moyen de traduire sa propre vision du monde, il considère qu'elle est apte à aborder tous les sujets, y compris ceux que l'on croyait réservés jusqu'ici aux grands genres, tragédies ou tragi-comédies. Du coup, c'est non seulement bouleverser la hiérarchie admise, mais c'est élargir la portée même du théâtre, en ouvrant à un de ses genres jusqu'alors limité des perspectives insoupçonnées. Et c'est rendre possible l'assimilation au monde humain — car la comédie se préoccupe des hommes — de ce qui est, pour reprendre le langage pascalien, d'un autre ordre, qui le dépasse. Les adversaires du théâtre ne s'y trompent pas. Si la fronde suscitée, en 1659, par* Les Précieuses ridicules *n'est encore pour l'essentiel que la réunion de confrères jaloux et de mondains offensés, la véritable cabale qui s'organise en 1663 à la suite de* L'École des femmes *est d'une tout autre ampleur. Et elle manifeste que Molière s'attire désormais de véritables ennemis, bien décidés à le faire taire.*

De quoi est-il question ? De rien de moins, en fait, que de ce que Molière entend faire de la grande comédie. Avec L'École des femmes, ce qui s'annonçait déjà avec Sganarelle et L'École des maris se confirme : Molière ose aborder, dans un genre défini comme non sérieux, des questions qui, elles, le sont éminemment et dont le fait même de les poser ébranle la stabilité sociale : l'éducation des filles, le mariage, la place de la femme, sa liberté d'aimer. Aucune comédie ne s'était préoccupée jusqu'ici de telles réflexions. La longue guerre comique qui se déclenche contre Molière à la suite de la pièce réunit, fait symptomatique, tout autant les tenants de la moralité que les partisans d'une séparation rigoureuse des genres. Aux accusations *d'obscénité — Conti, dans son* Traité de la comédie et des spectacles, *insiste sur les exemples d'impureté que, selon lui, offre la pièce — s'ajoutent les attaques de ceux qui, comme le Lysidas de* La Critique de l'École des femmes, *soulignent qu'« il y a une grande différence de toutes ces bagatelles à la beauté des pièces sérieuses » et se plaignent du succès remporté par la pièce : « On ne court plus qu'à cela, et l'on voit une solitude effroyable aux grands ouvrages, lorsque des sottises ont tout Paris. »*

C'est qu'en offrant à la comédie la possibilité de peindre tout l'homme et en lui ouvrant la voie des grands sujets, Molière non seulement brouille le paysage théâtral, mais il provoque directement les adversaires du théâtre, par le fait même qu'il élargit et enrichit le champ dramatique. La multitude de réactions que suscite la pièce montre bien à quel front commun il a désormais affaire : aux petits marquis et aux prudes façonnières sont venus se joindre les comédiens des troupes rivales, les confrères jaloux, les folliculaires arrivistes, les esprits doctrinaires, et surtout, plus dangereux parce que plus puissants, les dévots, adversaires déclarés du théâtre. Cette coalition quelque peu hétéroclite, à côté des moqueries et des attaques les plus virulentes et les plus injurieuses, ne tarde pas à utiliser contre lui des accusations autrement plus menaçantes. Faisant allusion à la façon dont Agnès découvre le plaisir en se passant du péché et des sermons moralisateurs dont Arnolphe l'abreuve, Boursault, dans Le Portrait du peintre, *lance l'anathème contre Molière en l'accusant d'impiété, et Robinet, dans son* Panégyrique de L'École des femmes, *renchérit en affirmant que dans la scène des Maximes, « pleine d'impiété », il « parle en théologien ».*

Dévoiement de l'ordre théâtral, transgression de l'ordre moral et spirituel : les deux accusations vont de pair. La façon dont Molière se défend montre que, allant au fond du débat posé par ses adversaires, il s'attache avant tout à justifier sa conception du théâtre. Or il le fait en dramaturge. La Critique de l'École des femmes *porte le débat sur le terrain qu'il s'est choisi : la scène. Aux* Nouvelles nouvelles *de Donneau de Visé, qui ont lancé la guerre comique, Molière réplique par une comédie, entendant bien montrer que le fond de la question est théâtral. La défense qu'il présente de la comédie face à la tragédie, la réhabilitation d'un rire qui n'attente en rien à la morale à travers cette étrange entreprise qui est « celle de faire rire les honnêtes gens », la notion centrale de plaisir fondant une esthétique du naturel et un goût nouveau n'ayant « ni prévention aveugle, ni complaisance affectée, ni délicatesse ridicule » : autant d'éléments qui illustrent que sa pratique théâtrale se fonde sur une réflexion théorique approfondie, qui ne saurait céder aux attaques de circonstance. C'est son art que Molière défend, autant dire sa raison d'être.*

Enjeux de pouvoir

Dans le contexte politique des années 1660, cette défense ne peut valablement réussir si le pouvoir ne lui apporte sa caution. La guerre comique, à travers les groupes de pression qu'elle met en lice, constitue sinon encore une affaire d'État, tout au moins un enjeu de pouvoir. Molière le sent, qui sait bien qu'il ne pourra jamais exercer son art comme il l'entend s'il n'a pas l'appui royal. La genèse du Tartuffe *s'inscrit dans cette lutte d'influence où l'on se dispute la faveur du roi. Molière, sur ce plan, fait preuve d'une science savante qui sait trouver la dose nécessaire de révérence pour faire passer des audaces calculées. Si l'on peut parler ici de stratégie, on pourrait dire que celle de Molière consiste à cacher son jeu en utilisant l'arme du grand jour — la scène publique —, alors que celle de ses adversaires cultive au contraire le secret, pour mener un jeu clair et apparent qui ne trompe personne. Depuis 1660, en effet, Molière sait qu'il a des ennemis résolus. Conti, son ancien protecteur, rompant avec sa vie libertine, s'est fait dévot, et son zèle lui a valu d'être reçu au sein d'une société qui exerce une influence politique considérable : la Compagnie du Saint-Sacrement de l'Autel. Recrutant ses membres dans la noblesse et la haute bourgeoisie parlementaire, celle-ci s'est fixé comme but de soutenir l'action de l'Église à la fois par des œuvres de charité et de mission, mais aussi par une attention constante portée au respect de l'orthodoxie catholique, sur le plan de la théologie comme sur celui de la morale. Cela lui permet de mener toute action contre les réformés, les hérétiques, les libertins et de dénoncer tout manquement à l'ordre religieux dans la vie publique comme dans la vie privée. Véritable clan qui s'est constitué en société secrète, les dévots de la Compagnie ont tissé dans tout le royaume une toile serrée où ils s'efforcent de prendre tous ceux qui leur paraissent suspects. Le pouvoir central n'en ignore rien. S'il combat le caractère autarcique d'une société qui constitue un véritable pouvoir autonome au sein de l'État et si un arrêt du Parlement, en date du 13 décembre 1660, interdisant les sociétés secrètes, la vise très directement, la Compagnie réunit en son sein des gens si influents — et jusqu'au président du Parlement lui-même, Lamoignon — et dispose d'appuis si haut placés, notamment celui d'Anne d'Autriche, et de liens si forts, en particulier avec la Compagnie de Jésus, qu'elle peut continuer au su de tous à mener une politique d'influence dont le pouvoir lui-même doit tenir compte.*

Si Molière, en matière de théâtre, estime qu'il n'a que peu à craindre de rivaux comme Donneau, Boursault ou Robinet, il sait aussi que, dans leur sillage, se profilent d'autres adversaires autrement plus dangereux. Et d'autant plus dangereux qu'ils agissent dans l'ombre, jouant de la peur qu'inspire toute société secrète, dont le pouvoir supposé profite précisément de l'ombre où il se tient. Pour Molière, face à une telle menace, la seule solution forte et durable pour pouvoir exercer son art en toute liberté consiste à s'acquérir la seule aide qui puisse en imposer à cette puissance elle-même : celle du roi. L'enjeu théâtral débouche sur un enjeu politique. La petite comédie par laquelle Molière met de son côté un terme à la guerre comique le montre bien. L'Impromptu de Versailles *n'est pas seulement une façon plaisante de mettre les rieurs dans son jeu en fustigeant les comédiens de l'Hôtel de Bourgogne et les esprits étroits qui ne digèrent toujours pas* L'École des femmes, *c'est plus radicalement et au sens propre une façon de faire entrer en scène le roi lui-même, puisque la pièce se présente comme née du désir royal, et que l'impromptu s'achève lorsque la seule bonne volonté du roi vient, en accordant un délai providentiel, mettre un terme à la comédie. Et comme* L'Impromptu *est, là aussi au sens propre, de Versailles, puisque présenté à Versailles même, dans la salle de la Comédie, le 19 octobre 1663, Molière montre clairement à ses ennemis d'où il parle, et affiche ostensiblement l'appui royal sur lequel il peut compter.*

Cette faveur royale, manifestée déjà par la gratification de mille livres qu'il a reçue en juin 1663, se confirme de façon éclatante quelques mois plus tard lorsque, en mai 1664, Molière se voit appeler à assurer, à Versailles encore, la partie théâtrale de la grande fête donnée par Louis XIV : les « Plaisirs de l'île enchantée ». Ladite fête dure trois jours, du 7 au 9 mai 1664, mais se prolonge par des réjouissances diverses quatre jours encore, jusqu'au 13. Le roi la veut éclatante, et pour plusieurs raisons. La première est qu'il l'envisage comme une façon de présenter Versailles à la cour. Si le château lui-même est en cours de construction, le parc et les jardins sont déjà largement aménagés, et l'ordonnance de la fête vise à les faire découvrir de la façon la plus brillante qui soit. Le faste de l'inauguration n'est peut-être pas exempt non plus d'une autre intention, tacite mais bien réelle : celle de faire oublier, en la surpassant, une autre fête, celle qu'avait donnée Fouquet à Vaux-le-Vicomte, trois ans plus tôt. Le surintendant ne représente certes plus rien, et la justice royale l'a à jamais fait disparaître, mais le souvenir du 17 août 1661 est encore dans toutes les mémoires, et notamment dans celle de Molière qui y avait donné, devant le roi, Les Fâcheux. *Pour Louis XIV, Versailles annule défini-*

tivement Vaux ; et pour Molière, La Princesse d'Élide, *comédie galante enrichie d'une chorégraphie et d'une musique somptueuses, dépasse infiniment le premier essai, quasi improvisé, de comédie-ballet qu'avait constitué* Les Fâcheux. *À quoi s'ajoute une autre raison, plus profonde, et qui là encore réunit d'une certaine façon les intentions du roi et celles de Molière. Louis XIV dédie officiellement la fête à la reine ; mais, dans l'atmosphère galante qui est alors celle de la jeune cour, nul n'ignore qu'il est une autre dédicataire : la maîtresse royale, Louise de La Vallière. Contre cette liaison, le parti dévot s'est déjà beaucoup employé, et Bossuet a prêché dès 1662 au Louvre un Carême s'efforçant de remettre le roi dans ses devoirs d'époux et de chrétien. Mais Louis XIV n'entend guère céder aux esprits rigoristes, et Bossuet en fait l'amère expérience, qui se voit éloigné de la cour devant laquelle il ne prêchera plus avant 1665. Dans ce contexte, Molière est doublement du côté du roi : parce que les amours royales relèvent de cette morale du plaisir dont lui-même s'est déjà fait l'ardent défenseur ; et aussi parce que ses ennemis dévots sont les mêmes que ceux qui s'attachent à ramener le roi dans une voie chrétienne, en prêchant auprès de celui-ci une morale de l'austérité et de la rigueur qui s'oppose en tout point à sa vie amoureuse, mais aussi à la politique brillante et conquérante qu'il entend mener.*

Dans cette politique, les plaisirs du spectacle ne tiennent pas une place négligeable : ils sont un moyen de donner le ton du nouveau règne, d'en traduire le brillant et la gloire. Molière, appelé à jouer avec Lully un rôle essentiel dans ce dispositif, propose, avec La Princesse d'Élide, *un type de divertissement propre à séduire le roi, qui ne peut qu'être charmé par des vers qui proclament que « rien n'est si beau que d'aimer », « et qu'il est malaisé que sans être amoureux / Un jeune prince soit et grand et généreux ». Les dévots ne s'y trompent pas : ce Molière est dangereux. L'abbé Roullé, jamais en mal d'anathème, le dénonce comme « un démon vêtu de chair et habillé en homme ».*

Or, après avoir fait de La Princesse d'Élide *comme le cœur de la fête galante, puis, le troisième jour, fait flotter ses trois plus belles comédiennes — la Du Parc, Mlle de Brie et Armande — sur le monstre marin, accompagné de deux baleines, qu'a imaginé Vigarani, Molière, organisateur comblé des plaisirs royaux, est encore chargé d'animer les réjouissances qui suivent. Les 11, 12 et 13 mai, il donne devant la cour trois pièces : deux reprises de comédies-ballets,* Les Fâcheux *et* Le Mariage forcé, *divertissements avec musique et danse bien dans le ton de ces journées de plaisir ; et, entre les deux, la création d'une nouvelle comédie, plus surprenante : c'est le premier* Tartuffe. *La pièce s'intitule* L'Hypocrite, *elle est en trois actes, et le roi a donné son accord pour qu'elle soit représentée. L'enjeu est de taille. Pour Molière, c'est la double possibilité d'imposer la comédie comme un genre à part entière, capable de traiter des questions les plus sérieuses, et de se trouver cautionné dans l'entreprise par le roi lui-même. Le fait de choisir précisément la dévotion comme sujet de la comédie et d'envisager le pouvoir d'influence exercé par certaines âmes pieuses ou se présentant comme telles n'est pas gratuit. Molière s'attaque à forte partie, à ceux-là mêmes qui cherchent à gouverner le roi et qui exercent auprès de lui les plus hautes fonctions politiques, administratives et religieuses. Un comédien, quel que soit son succès, n'est évidemment pas de taille à affronter directement de tels adversaires, s'il ne dispose pas du soutien du monarque lui-même. Et si Molière n'hésite pas à mettre ainsi en scène, dans une comédie, ce qui, touchant à une conduite religieuse, relève des matières sacrées elles-mêmes, ce ne peut être que parce qu'il sait qu'il va trouver auprès du roi une oreille à tout le moins attentive.*

Car le risque est grand de susciter ainsi le rire avec ce qui impose d'ordinaire le respect. La façon dont Arnolphe convoquait le Ciel et même les chaudières bouillantes de l'Enfer pour inciter Agnès au devoir conjugal était déjà pour les dévots, dans le contexte comique qui ridiculisait le barbon,

une impiété notoire; mais faire d'un zélé serviteur du Ciel,
d'un homme présentant apparemment toutes les marques de
la dévotion, un scélérat, c'est jeter le discrédit sur la religion
elle-même. Qu'importe, au fond, que l'hypocrite soit un vrai
ou un faux dévot : ce qui compte, et qui constitue une atti-
tude proprement blasphématoire, c'est de mêler le sacré à
l'univers comique. Le mensonge, en soi, peut certes être
matière de comédie; mais les affabulations d'un Dorante,
dans Le Menteur *de Corneille, ou les élucubrations d'un*
Don Japhet d'Arménie, dans la pièce de Scarron, ne tou-
chaient qu'à des matières sans grande importance : un jeu
mondain, une bouffonnerie sociale. L'hypocrite de Molière,
lui, exerce son double jeu aux dépens de la foi : loin d'en rire,
on devrait en trembler. Le scandale, ce n'est pas qu'il y ait un
hypocrite qui feigne d'être dévot, c'est qu'il y ait un comédien
qui en fasse la matière d'une comédie. Et qu'on puisse en
rire.

Car Louis XIV, on le sait, y trouve du plaisir. Les dévots le
pressent d'autant plus vivement de faire retirer la pièce qu'ils
savent que celle-ci l'a fait rire. Les risques que la Compagnie du
Saint-Sacrement avaient pressentis se confirment. Le 17 avril,
alors que la pièce n'était pas encore créée mais que des lectures
préparatoires en avaient été faites, dont une probablement
devant le roi lui-même, le procès-verbal de la réunion tenue par
la Compagnie notait : « On parla fort ce jour-là de travailler à
procurer la suppression de la méchante comédie du Tartuffe.
Chacun se chargea d'en parler à ses amis qui avaient quelque
crédit à la cour pour empêcher sa représentation. » Si les pres-
sions n'ont pu parvenir à empêcher la création de la pièce, elles
sont si fortes dès que celle-ci est représentée que le roi doit en
tenir compte. L'archevêque de Paris, des théologiens, la reine
mère elle-même : la pièce suscite des interventions multiples qui
amènent Louis XIV, au cœur d'une lutte d'influence où il doit
jouer un subtil jeu de balance, à l'interdire. L'explication que
donne de cet épisode la Relation de la fête des Plaisirs de

l'île enchantée[1] *est révélatrice et témoigne des sentiments contradictoires du monarque :* « *Le soir, Sa Majesté fit jouer une comédie nommée* Tartuffe, *que le sieur de Molière avait faite contre les hypocrites ; mais quoiqu'elle eût été trouvée fort divertissante, le Roi connut tant de conformité entre ceux qu'une véritable dévotion met dans le chemin du Ciel et ceux qu'une vaine ostentation des bonnes œuvres n'empêche pas d'en commettre de mauvaises, que son extrême délicatesse pour les choses de la religion ne put souffrir cette ressemblance du vice avec la vertu, qui pouvaient être pris l'un pour l'autre ; et quoiqu'on ne doutât point des bonnes intentions de l'auteur, il la défendit pourtant en public, et se priva soi-même de ce plaisir, pour n'en pas laisser abuser à d'autres, moins capables d'en faire un juste discernement.* » *Autrement dit, Louis XIV conserve sa faveur à Molière, et s'il interdit la pièce, ce n'est pas parce qu'il s'agit d'une comédie blasphématoire — la preuve : lui-même s'y est beaucoup diverti — mais parce qu'elle risque d'être mal interprétée. Explication quelque peu embrouillée, pour une affaire assurément délicate.*

Molière doit donc retirer son Hypocrite, *et l'on sait qu'il va mettre cinq ans pour réussir à l'imposer. Mais ce qui importe, c'est qu'une brèche a été ouverte. Durant ces cinq années, entre 1664 et 1669, Molière continue à jouir de la faveur royale et à être l'ordonnateur des plaisirs du souverain, comme le marque la succession de comédies-ballets données devant le roi et la cour :* L'Amour médecin, Mélicerte, Le Sicilien ou l'Amour peintre, Amphitryon, *et* George Dandin, *créé en 1668 à Versailles pour le* Grand divertissement *qui célèbre la conquête de la Franche-Comté. Mais surtout, loin de reculer dans sa conception de la grande comédie, il procure une série de pièces qui en sont l'illustration déterminée. Avec* Dom Juan, Le Misanthrope, L'Avare, *ce sont d'autres sujets essentiels*

---

1. Cette *Relation* fut imprimée en juin 1664 et a été rééditée dans l'édition des *Œuvres complètes* par E. Despois et P. Mesnard (voir la bibliographie).

— *l'incrédulité, la vie sociale, l'argent — qui se trouvent convoqués sur la scène comique. La querelle, donc, loin de s'apaiser, se poursuit : Conti accuse* Dom Juan *d'être une école d'athéisme,* Le Misanthrope *déconcerte — « On n'aimait point tout ce sérieux qui est dans cette pièce », note Grimarest dans sa* Vie de Molière *—, et quant à* L'Avare, *le fait qu'il traite d'un grand sujet en prose soulève l'incompréhension des spectateurs. Certes, pour ces deux dernières pièces, aucune querelle ne s'élève véritablement ; et la relative froideur qui accueille les deux créations satisfait les censeurs, qui continuent, dans le même temps, à se mobiliser contre* Le Tartuffe.

Lorsqu'il obtient enfin, en février 1669, après une lutte acharnée, la levée de l'interdiction, Molière donne aussitôt à sa victoire son sens plein. Dans les divers placets *qu'il a écrits au roi tout au long de la querelle, il n'a eu de cesse de défendre non seulement la pureté de ses intentions, mais l'idée selon laquelle « le devoir de la comédie étant de corriger les hommes en les divertissant », il n'a jamais fait autre chose, à travers son* Tartuffe, *que de répondre à cette définition. Ce qu'il défend ainsi, c'est la comédie comme exigence morale, c'est-à-dire l'éminente dignité d'un genre auquel il ne craint pas d'attribuer les plus hautes ambitions. Pour ce qui est du problème de la dévotion, sur lequel l'attaquent ses ennemis, sa ligne de défense est claire : même si elle relève de la foi, la dévotion reste une conduite humaine et, à ce titre, susceptible de vice et d'impureté. Montrer la feinte dévotion ne met donc nullement en question la dévotion, mais la feinte. En intitulant d'abord sa comédie* L'Hypocrite, *Molière le dit bien : « J'ai cru », dit-il au roi dans le premier* placet *qu'il lui adresse en 1664, « que, dans l'emploi où je me trouve, je n'avais rien de mieux à faire que d'attaquer par des peintures ridicules les vices de mon siècle ; et comme l'hypocrisie sans doute en est un des plus en usage, des plus incommodes et des plus dangereux, j'avais eu, Sire, la pensée que je ne rendrais pas un petit service à tous les honnêtes gens de votre royaume, si je faisais une comédie qui décrivît les hypocrites. »* Si la polémique et la seconde interdiction de 1667 donnent au second placet adressé une nouvelle fois au roi un caractère plus polémique, posant la question de savoir où est l'imposture, dans la comédie elle-même ou dans ceux qui en dénaturent le sens, un fait reste acquis aux yeux de Molière : il ne renoncera pas à l'idée qu'il se fait de la comédie, se déclarant plutôt prêt à abandonner le théâtre que de céder à ceux qui veulent le contraindre : *« Il est très assuré, Sire, qu'il ne faut plus que je songe à faire des comédies si les Tartuffes ont l'avantage. »*

Lorsque Louis XIV permet enfin en 1669 au *Tartuffe* d'être librement représenté, c'est certes pour Molière une victoire sur ses adversaires. Mais c'est surtout pour lui une victoire du théâtre, et plus spécifiquement encore de la comédie. La longue préface qu'il donne à l'édition du texte définitif — la plus longue de son œuvre —, après avoir repris à peu près dans les termes des placets l'idée de la pureté de ses intentions, replace le débat dans son véritable cadre : *« Je sais bien »*, explique Molière, *« que, pour réponse, ces messieurs tâchent d'insinuer que ce n'est point au théâtre à parler de ces matières ; mais je leur demande, avec leur permission, sur quoi ils fondent cette belle maxime. »* Suit un long développement qui constitue une des pièces maîtresses à verser au dossier de la querelle du théâtre et de sa moralité au XVIIe siècle. On pourra y remarquer que Molière s'y sert avec une certaine dextérité de l'ambivalence du terme même de « comédie » : tantôt, il lui donne son acception générale de pièce de théâtre — *« la comédie, chez les Anciens, a pris son origine de la religion »* — ; tantôt, il en fait insensiblement glisser le sens du côté du genre : *« Si l'emploi de la comédie est de corriger les vices des hommes (...), l'on doit approuver la comédie du* Tartuffe, *ou condamner généralement toutes les comédies. »* Dans le cadre général d'une défense et illustration du théâtre, il introduit une défense et illustration de la comédie telle qu'il l'entend. Et Le Tartuffe, que cette préface annonce enfin, en est l'exemple.

Enjeux de morale

Pour autant, la pièce n'a pas pour seul but d'apporter un argument supplémentaire à l'apologie du théâtre que font tout au long du siècle les esprits éclairés contre les dévots. La notion même de théâtre s'y charge d'un autre enjeu, social et moral, où l'on peut voir, au-delà même du problème de la dévotion, le sujet profond de la pièce. Là encore, Le Tartuffe *n'est pas une création isolée dans l'œuvre de Molière. Et le fait que la comédie soit présentée à Versailles, en mettant directement en jeu l'approbation de Louis XIV, montre que Molière poursuit dans la ligne du dialogue engagé avec le roi par* L'Impromptu de Versailles. *Car, sur la scène de* L'Impromptu, *c'est le roi qui est en quelque sorte le garant du jeu théâtral, son point d'origine et son point d'aboutissement : l'art des comédiens ne peut en fait s'exercer que par et sous l'autorité de ce prince. La scène, ici, relève de la seule autorité d'un pouvoir laïc ; le théâtre se trouve libéré de la médiation sacrée où il puisait sa lointaine origine. La lutte que mène Molière pour la liberté du théâtre et notamment de la comédie, genre « bourgeois », se trouve correspondre à l'évolution même d'une royauté absolue, émanation d'une société laïque, et se détachant du magistère ecclésiastique pour affirmer son pouvoir propre. D'une certaine façon, le prince et le dramaturge ont partie liée. La* mimésis *théâtrale reproduit un schéma social.*

Dans Le Tartuffe, *c'est le théâtre qui est d'abord en scène. Avec toute sa capacité de faire illusion. La question sera donc de démêler le vrai du faux. Sous le nom de Tartuffe se présente un hypocrite, c'est-à-dire, au sens propre, un acteur, celui qui joue un rôle, qui — étymologiquement — donne la réplique. Saint Augustin avait déjà souligné, dans son* De sermone Domini in monte, *la parenté qui existe entre le comédien et l'imposteur moral :* « Celui qui joue le rôle d'Agamemnon dans une tragédie, ou celui de tout autre personnage de l'histoire ou *de la fable, n'est pas en vérité ce personnage ; mais il fait semblant de l'être et on l'appelle comédien (hypocrita dicitur). De la même façon dans l'Église, et dans la vie en général, quiconque veut se faire passer pour ce qu'il n'est pas, est un hypocrite (hypocrita est).* » Le propre de Tartuffe est qu'il est hypocrite aux deux sens du terme : comédien, qui joue un rôle, devant ce public que constitue la famille d'Orgon ; et imposteur, qui veut faire prendre sa fausse dévotion pour de la vraie. Tout son jeu consiste donc à faire croire qu'il croit, à donner foi à sa foi. Croit-il vraiment ? Peut-être lui-même le croit-il, car l'hypocrite, à force de tromper le monde, peut se tromper soi-même. Tartuffe pharisien, dupe du personnage qu'il joue ? L'hypothèse a pu être envisagée — ainsi on verra un des grands interprètes modernes du rôle, Coquelin aîné, s'écrier : « Tartuffe athée ! non pas ; il est mystique » —, même si tout semble prouver dans sa conduite qu'il porte le masque du dévot pour les autres, et qu'il le quitte quand il est seul avec lui-même. Mais, pour Molière, là n'est pas vraiment la question : s'il insiste constamment sur la fausseté de la dévotion de Tartuffe, c'est qu'il en juge, comme auteur comique, en termes de comportement humain, de vice moral, et non en termes de foi proprement dite : ce serait s'ériger en tribunal divin.*

Pour Molière, la question est d'un autre ordre : théâtral. Comment représenter sur la scène un hypocrite ? Plus l'hypocrite est hypocrite, plus il passe pour ne pas l'être. Du coup, si le dramaturge montre que Tartuffe est hypocrite, c'est que son personnage n'est pas vraiment hypocrite, ou qu'il l'est mal. Quadrature du cercle, que certes des artifices peuvent permettre de résoudre, mais dont Molière refuse de se servir : pas d'aparté, de monologue, de confession, de confidence à un comparse, tous ces procédés qui sentent la ficelle. Mais des moyens qui impliquent l'acte théâtral lui-même, la représentation. La maison d'Orgon est comme un théâtre. Avec, d'abord, des spectateurs qui réagissent devant le personnage de Tartuffe : il y a ceux qui croient à son Ciel — Orgon, Mme Pernelle —, et ceux qui n'y

*croient pas — tous les autres —, ce qui prouve à tout le moins,
dès l'ouverture de la pièce, que les réactions sont partagées et
qu'il y a place au moins pour le doute. Vient ensuite l'entrée du
personnage. Molière la retarde pendant deux actes, jouant de
l'effet d'attente, et lorsque enfin voici l'homme, il l'éclaire de la
lumière inondante de l'outrance : la discipline ajoutée à la
haire, comme viatique initial, cela sent l'excessif, d'autant que
le « serrez », qui pour être vraiment convaincant eût dû se mur-
murer dans la plus humble discrétion, est dit à voix haute
devant Dorine, qui conclut aussitôt à l'affectation. Pour
autant, Tartuffe ne saurait être trop maladroit, sous peine de
ne plus duper personne. Molière, en virtuose, lui confère donc
ce que l'on pourrait appeler une mégarde négative, par défaut
— lorsque d'abord il se laisse aller auprès d'Elmire —, et une
mégarde positive, par excès — lorsque, échaudé, il se tient,
dans la seconde scène avec la même Elmire, prudemment sur ses
gardes, preuve qu'il calcule et mesure le risque qu'il y aurait à
se découvrir. Il se découvre enfin, ou plutôt c'est le théâtre qui le
découvre. Car le jeu d'Elmire — rarement personnage fut aussi
proche, par l'anagramme, de Molière lui-même que ses adversaires appelait Elomire — consiste précisément à convoquer le
théâtre pour dénoncer l'hypocrite : un décor — un salon où
Elmire est apparemment seule, et dont elle fait tirer la porte ; un
accessoire — une table sous laquelle Orgon se cache et d'où,
réduit au rang de spectateur, il assiste à la scène ; des jeux de
scène — Elmire qui tousse pour avertir son mari et qui, devant
son apathie, tousse et retousse encore ; et une situation de farce
ou de vaudeville — un séducteur faisant sa cour à la femme en
présence du mari caché. On voit l'art et la préoccupation de
Molière : en confiant à Elmire le double rôle de dramaturge, qui
organise la situation et la met en scène, et de comédienne, qui
la joue, il démontre la vertu éclairante du théâtre, démasquant
l'hypocrite en scène. La comédie seule peut « du faux avec le
vrai faire la différence » (v. 354). En mettant le théâtre sur le
théâtre, Molière peut, par un procédé d'ironie dramatique,*

démonter le mécanisme même de l'illusion : l'apparence se révèle comme le seul moyen de montrer la vérité. C'est toute la force du théâtre qui, se donnant pour illusoire, ne ment pas et dit le vrai.

Démasqué, l'hypocrite n'en est pas moins toujours dangereux : par l'imposture, il s'est acquis une puissance qui met, en fait, en péril l'ordre social. Non seulement dans la sphère du privé, en se rendant maître des biens d'Orgon et en le chassant de sa maison ; mais dans la sphère publique aussi, en jouant auprès du roi lui-même de cette influence qu'il exerçait jusqu'ici au sein de la famille d'un simple particulier. En dénonçant Orgon auprès du Prince, en intervenant dans les affaires d'État — et sa référence à la Fronde, où le pouvoir royal lui-même a été mis en péril, montre que le bonhomme touche au cœur même du système —, le fourbe élargit son funeste pouvoir d'influence, met en jeu la puissance royale, gangrène l'édifice politique du royaume. C'est par le théâtre, encore, que Molière règle l'affaire. Le fameux dénouement de l'œuvre, trop souvent considéré comme pièce rapportée et comme une facilité faisant intervenir une sorte de rex in machina, *donne en fait tout son sens à la comédie. D'abord parce que c'est le roi qui, démasquant officiellement l'imposteur, affirme publiquement la fausseté de son jeu : si Tartuffe a pu tromper un Orgon aveuglé ou une Mme Pernelle béate, il ne saurait tromper l'esprit éclairé du monarque, qui donne du même coup raison à tous ceux qui, dans la maison d'Orgon, ont vu clair dans le jeu de l'imposteur ; et qui donne aussi raison à Molière, lorsque celui-ci affirme qu'il a tout fait « pour bien distinguer le personnage de l'hypocrite d'avec celui du vrai dévot ». Mais il y a plus. L'intervention royale rétablit l'ordre menacé : l'ordre familial, d'abord, mis à mal par Tartuffe qui n'a apporté que le trouble et la discorde, comme cela est sensible dès la première scène qui montre la maison en proie aux disputes et aux dissensions internes, et surtout qui a détourné le bon droit d'Orgon à son profit, en manœuvrant pour se faire donner la fille en mariage, pour séduire la femme au passage, et pour dépouiller les enfants par une captation d'héritage. Garant de cet ordre familial, le roi rétablit Orgon dans ses droits de* pater familias, *lesquels ne sont que la traduction, au plan privé, du pouvoir qu'exerce le roi au plan public. Car Tartuffe, plus largement, a attenté à l'ordre public : son imposture dans la maison d'Orgon n'est qu'un des traits d'une imposture plus radicale, qui en fait un criminel d'État, dont le roi lui-même se préoccupe. Son action coupable s'est traduite dans des forfaits répétés, « Et c'est un long détail d'actions toutes noires / Dont on pourrait former des volumes d'histoires » (v. 1925-1926). Agent même de la justice divine — « l'équité suprême » —, le roi démasque le fourbe ; mais il le démasque une fois encore par la vertu du théâtre. Extérieur à la scène, il en est pourtant le metteur en scène : c'est lui qui a dépêché l'Exempt, c'est lui qui lui a demandé de feindre de se ranger aux accusations de Tartuffe pour voir jusqu'où celui-ci pousserait son jeu ; c'est lui enfin qui, par son représentant dûment mandaté pour cela, produit l'ultime* coup de théâtre, *en faisant passer à Tartuffe les chaînes qu'on croyait destinées à Orgon. Et il justifie sa grandeur royale même par l'acte de clémence qui montre qu'il sait récompenser les services rendus : car Orgon, loyal sous la Fronde, a, lui, contribué à maintenir cet ordre royal que l'hypocrite, utilisant la justice royale comme un simple instrument dans ses visées de pouvoir personnel, a directement menacé.*

Par cette intervention du roi, qui met en jeu le statut même de la royauté, le dénouement du Tartuffe *élève non seulement la comédie au rang d'un genre majeur, susceptible de rivaliser avec la tragédie dans le traitement des plus hautes questions, mais il traduit aussi la façon dont le pouvoir royal s'exerce en toute liberté laïque, échappant à toute contrainte, ecclésiastique notamment. Car Tartuffe a su tromper son monde et c'est bien dans une église, où chaque jour il venait, sans être autrement désavoué par l'autorité religieuse, montrer le zèle de sa dévotion, qu'il a abordé Orgon pour se mettre dans ses bonnes*

grâces et en profiter pour s'introduire chez lui comme ces directeurs de conscience souvent installés à demeure dans les maisons des particuliers. Qu'à ce propos, Molière, comme toujours,
fonde sa peinture sur l'observation précise des mœurs et des réalités du temps n'est guère contestable. La ressemblance avec les
multiples modèles qu'on a pu identifier comme étant à la source
possible du personnage de Tartuffe, l'utilisation par celui-ci
d'un vocabulaire et d'une rhétorique directement empruntés au
langage de la dévotion, les préoccupations qu'il affiche en
matière de conduite morale dans un monde où il voit partout la
marque du tentateur : ce sont autant de faits non contestables,
et qu'attestent, de Bossuet à Bourdaloue, de Nicole à Conti,
tous les sermons, traités, œuvres saintes qui montrent la force
d'imprégnation sociale de la dévotion. Et la moindre des
remarques faites par l'imposteur trouverait, si l'on veut bien y
regarder, son explication et son illustration dans telle ou telle
réalité identifiable. Un simple exemple : le fameux sein de
Dorine, qui excite, aussitôt que Tartuffe entre en scène, sa réprobation, n'est pas seulement traduction d'un regard concupis-
cent qui se trahit sous le voile d'un rigorisme affiché, il parti-
cipe bel et bien d'un type de préoccupation qui agite la
communauté chrétienne et qui suscite même de doctes traités de
morale. En 1675, l'abbé Jacques Boileau, le frère du poète, cha-
noine de la Sainte Chapelle puis doyen de la faculté de théologie,
publie un ouvrage tout entier consacré à cette délicate question :
De l'abus des nudités de gorge, dans lequel il s'en prend ver-
tement à ces seins que les décolletés féminins découvrent jusque
dans les églises. C'est Tartuffe qui dit : « Couvrez ce sein que je
ne saurais voir. » Et c'est l'abbé Boileau qui explique : « Les personnes pieuses et dévotes conçoivent de l'indignation à la vue de
ces nudités et sont contraintes de refuser leur approbation à une
mode si opposée à la piété et à l'esprit du christianisme. »

Lorsqu'il affirme donc qu'il ne peint que d'après nature,
Molière dit vrai : l'observation de la société de son temps lui
fournit une matière inépuisable. Est-ce à dire, pour autant,

*qu'en fustigeant à travers le couple Tartuffe-Orgon un faux
dévot qui trompe les autres et un dévot aveugle qui s'abuse lui-
même, il mette en péril la dévotion elle-même ?* Le Tartuffe
serait-il une apologie du libertinage, comme Bourdaloue, *en
1691, dans un* Sermon sur l'hypocrisie, *ne manquera pas
de le suggérer, en faisant une allusion transparente à Molière
lorsqu'il parle de « ces esprits profanes et bien éloignés de vouloir entrer dans les intérêts de Dieu [qui] ont entrepris de censurer l'hypocrisie, non point pour en réformer l'abus, ce qui n'est
pas de leur ressort, mais pour faire une espèce de diversion dont
le libertinage pût profiter, en concevant et faisant concevoir
d'injustes soupçons de la vraie piété, par de malignes représentations de la fausse » ? Depuis le* XVIIe *siècle, la question agite
les exégètes de la pièce. Face à l'hypocrite et à sa dupe, serait-ce
ce fameux* juste milieu *représenté par Cléante qui apporterait,
en matière de religion, les idées propres de Molière : une religion
fondée sur la raison naturelle et, à ce titre, pouvant se réduire à
une morale rationaliste trouvant ailleurs que dans la transcen-
dance son principe ? Force est de constater que, sur ce point, la
pièce reste ambiguë. La violence des réactions, les accusations
diverses — Molière libertin, Molière athée, Molière hypocrite —
et les affirmations inverses — Molière défenseur de la vraie foi,
Molière mystique —, tout cela prouve, à tout le moins, que le
message, si message il y a, n'est pas clair.*

Mais peut-il l'être, et doit-il l'être ? Le Tartuffe *n'est ni un
sermon, ni un traité de théologie, ni un essai philosophique :
c'est une pièce de théâtre et, qui plus est, une comédie. Sa vertu
première est dramatique. Elle montre, elle n'a pas à démontrer.
Que toutes les considérations dont la pièce se fait l'écho sur la
direction de conscience ou sur les « accommodements » avec le
Ciel — et dont, au passage, on voit qu'elles touchent tout
autant la souplesse jésuitique que le rigorisme janséniste —
soient la traduction d'une réalité, n'implique pas que Molière
cherche à imposer sur le sujet un système de pensée : la présence
même de Cléante et des opinions raisonnables qu'il professe est*

d'abord nécessaire dramatiquement, comme le point de référence neutre à l'aune duquel se mesure l'outrance ridicule des personnages déformés. C'est lui qui, pour reprendre la distinction de Baudelaire, rend le comique « significatif », là où un Tartuffe lâché sans bride dans une maison où ne s'agiteraient que des fantoches comme Orgon ou Mme Pernelle déboucherait sur ce comique « innocent » du grotesque et de l'absurde.

La comédie de Molière fait entrer le loup dans la bergerie. Face à Tartuffe, chaque membre de la famille se révèle en fait pour ce qu'il est et découvre, poussé par la présence de cet agitateur en eaux troubles, les tréfonds obscurs de sa propre personnalité. Telle est la vertu du masque : il révèle. Par la feinte, Tartuffe montre non seulement son vrai jour, mais il fait la lumière aussi sur ceux qui le regardent. Mme Pernelle, autoritaire et illuminée, Orgon, esprit soumis jusqu'à la démission, Elmire, sûre de ses pouvoirs féminins et sachant en user jusqu'à tenter le diable sous les yeux de son mari aveugle, Mariane qui pleure et qui supplie, Damis, qui tempête et qui ne réfléchit guère : belle galerie de têtes, beau portrait de famille, mais qui ne trouve toutes ses couleurs que grâce à cet élément dramatiquement perturbateur qu'est Tartuffe. Sans lui, le calme eût régné, et la famille d'Orgon n'eût rien eu qui méritât qu'on s'y arrête. Tartuffe lui apporte la dimension théâtrale ; la mettant en jeu, il la met en scène. Querelles, affrontements, portes qui claquent, supplications, l'un qui écoute aux portes, l'autre qui se cache sous une table, un huissier qui vient saisir les meubles, un Exempt qui fait intervenir la force publique : on n'a pas le temps de s'ennuyer dans la maison Orgon, le train y est infernal. C'est du théâtre. Quand le rideau s'abaisse sur l'imposteur démasqué que la prison attend, le calme va revenir, mais la comédie sera finie.

Faut-il y voir une parabole ? On pourrait, en ce sens, aller très loin. Suggérer, par exemple, que l'irruption de Tartuffe

*dans la maison d'Orgon est l'irruption brutale du sacré, certes
sous sa forme pervertie, l'hypocrite jouant le rôle d'un ange
noir, mais contribuant à mettre à nu les êtres en les confrontant
à la vérité même dont son hypocrisie porte le masque. Un peu
comme le jeune homme pénétrant dans cette tranquille famille
d'un industriel milanais et venant y mettre tout sens dessus
dessous, laissant chacun face à lui-même. Autre mise en scène
du mystère, ici sous la forme cinématographique, et qui valut
aussi à Pasolini bien des accusations : faut-il rappeler que*
Théorème *souleva l'ire des milieux religieux, tout en obtenant
— autre bel exemple d'ambiguïté exégétique — le prix de l'Office
catholique international du cinéma ? A plus de trois siècles de
distance, l'exemple invite à méditer et fournit une leçon possible. Ce que Tartuffe révèle, sous la lumière crue de la scène,
n'est-ce pas l'ambiguïté même de l'homme, ses contradictions,
ses hésitations, ses paradoxes, sa double face ? En tendant au
spectateur le miroir grossissant où il peut, par l'exutoire du rire,
se regarder en face, Molière crée cette connivence qui, quoi
qu'on en dise, fait que, si abominable qu'il soit, l'on n'arrive
pas vraiment à condamner Tartuffe. Il est homme, et, à ce titre,
à tous ceux qui, depuis 1669, bien calés dans leur fauteuil de
théâtre, se délectent — pour l'applaudir ou pour le maudire —
à le regarder mener son double jeu et donc, par l'effet même de
la* mimésis *théâtrale, à s'y reconnaître en quelque façon, il
n'en finit pas de répéter la vraie, la grande leçon de la comédie :
hypocrite public, mon semblable, mon frère.*

Jean SERROY

NOTE SUR LE TEXTE

Le titre complet de la première édition originale est :
LE / TARTUFFE, / OU / L'IMPOSTEUR, / COMÉDIE./ PAR I.B.P. DE
MOLIÈRE. / *Imprimé aux dépens de l'Auteur ; & se vend* / À PARIS, /
chez JEAN RIBOU, au Palais, vis-à-vis / la Porte de l'Église de la
Sainte Chapelle, / à l'Image S. Louis. / 1669 / *AVEC PRIVILÈGE DU
ROI*.

Le privilège est du 15 mars, l'achevé d'imprimer du 23 mars.
C'est cette édition que nous reproduisons, précédée de sa préface.
Nous y adjoignons les trois *placets* adressés par Molière au roi lors
des trois représentations successives de 1664, 1667 et 1669, lesquels figurent dans la seconde édition de la pièce, parue le
6 juin 1669.

Le Tartuffe

COMÉDIE

PRÉFACE

Voici une comédie dont on a fait beaucoup de bruit, qui a été longtemps persécutée ; et les gens qu'elle joue ont bien fait voir qu'ils étaient plus puissants en France que tous ceux que j'ai joués jusques ici. Les marquis, les précieuses, les cocus et les médecins ont souffert doucement[1] qu'on les ait représentés, et ils ont fait semblant de se divertir, avec tout le monde, des peintures que l'on a faites d'eux ; mais les hypocrites n'ont point entendu raillerie ; ils se sont effarouchés d'abord[2], et ont trouvé étrange que j'eusse la hardiesse de jouer leurs grimaces[3] et de vouloir décrier un métier dont tant d'honnêtes gens se mêlent. C'est un crime qu'ils ne sauraient me pardonner ; et ils se sont tous armés contre ma comédie avec une fureur épouvantable. Ils n'ont eu garde de l'attaquer par le côté qui les a blessés : ils sont trop politiques[4] pour cela, et savent trop bien vivre pour découvrir le fond de leur âme. Suivant leur louable coutume, ils ont couvert leurs intérêts de la cause de Dieu ; et *Le Tartuffe*, dans leur bouche, est une pièce qui offense la piété. Elle est, d'un bout à l'autre, pleine d'abominations, et l'on n'y trouve rien qui ne mérite le feu. Toutes les syllabes en sont impies ; les gestes même y sont criminels ; et le moindre coup d'œil, le moindre branlement de tête, le moindre pas à droite ou à gauche, y cache des mystères qu'ils trouvent moyen d'expliquer à mon désavantage. J'ai eu beau la soumettre aux lumières de mes amis, et à la censure de tout le monde, les corrections que j'ai pu faire, le jugement du roi et de la reine, qui l'ont vue, l'approbation des grands princes et de messieurs les ministres[1], qui l'ont honorée publiquement de leur présence, le témoignage des gens de bien, qui l'ont trouvée profitable, tout cela n'a de rien servi. Ils n'en veulent point démordre ; et, tous les jours encore, ils font crier en public des zélés indiscrets, qui me disent des injures pieusement et me damnent par charité.

Je me soucierais fort peu de tout ce qu'ils peuvent dire, n'était l'artifice qu'ils ont de me faire des ennemis que je respecte, et de jeter dans leur parti de véritables gens de bien, dont ils préviennent[2] la bonne foi, et qui, par la chaleur qu'ils ont pour les intérêts du Ciel, sont faciles à recevoir les impressions qu'on veut leur donner. Voilà ce qui m'oblige à me défendre. C'est aux vrais dévots que je veux partout me justifier sur la conduite de ma comédie ; et je les conjure de tout mon cœur de ne point condamner les choses avant que de les voir, de se défaire de toute prévention et de ne point servir la passion de ceux dont les grimaces les déshonorent.

Si l'on prend la peine d'examiner de bonne foi ma comédie, on verra sans doute que mes intentions y sont partout innocentes, et qu'elle ne tend nullement à jouer les choses que l'on doit révérer ; que je l'ai traitée avec toutes les précautions que me demandait la délicatesse de la matière et que j'ai mis tout l'art et tous les soins qu'il m'a été possible pour bien distinguer le personnage de l'hypocrite d'avec celui du vrai dévot. J'ai employé pour cela deux actes entiers à préparer la venue de mon scélérat. Il ne tient pas un seul moment l'auditeur en balance ; on le connaît d'abord aux marques que je lui donne ; et d'un bout à l'autre il ne dit pas un mot, il ne fait pas une action, qui ne peigne aux spectateurs le caractère d'un méchant homme, et ne fasse éclater celui du véritable homme de bien que je lui oppose.

Je sais bien que, pour réponse, ces messieurs tâchent d'insinuer que ce n'est point au théâtre à parler de ces matières ; mais je leur demande, avec leur permission, sur quoi ils fondent cette belle maxime. C'est une proposition qu'ils ne font que supposer[1] et qu'ils ne prouvent en aucune façon ; et sans doute il ne serait pas difficile de leur faire voir que la comédie, chez les Anciens, a pris son origine de la religion, et faisait partie de leurs mystères ; que les Espagnols, nos voisins, ne célèbrent guère de fête où la comédie ne soit mêlée, et que, même parmi nous, elle doit sa naissance aux soins d'une confrérie[2] à qui appartient encore aujourd'hui l'Hôtel de Bourgogne, que c'est un lieu qui fut donné pour y représenter les plus importants mystères de notre foi ; qu'on en voit encore des comédies imprimées en lettres gothiques, sous le nom d'un docteur de Sorbonne[3] ; et, sans aller chercher si loin, que l'on a joué de notre temps des pièces saintes de M. de Corneille[4], qui ont été l'admiration de toute la France.

Si l'emploi de la comédie est de corriger les vices des hommes, je ne vois pas pour quelle raison il y en aura de privilégiés. Celui-ci est, dans l'État, d'une conséquence bien plus dangereuse que tous les autres ; et nous avons vu que le théâtre a une grande vertu pour la correction. Les plus beaux traits d'une sérieuse morale sont moins puissants, le plus souvent, que ceux de la satire ; et rien ne reprend mieux la plupart des hommes que la peinture de leurs défauts. C'est une grande atteinte aux vices que de les exposer à la risée de tout le monde. On souffre aisément des répréhensions ; mais on ne souffre point la raillerie. On veut bien être méchant, mais on ne veut point être ridicule.

On me reproche d'avoir mis des termes de piété dans la bouche de mon Imposteur. Et pouvais-je m'en empêcher, pour bien représenter le caractère d'un hypocrite ? Il suffit, ce me semble, que je fasse connaître les motifs criminels qui lui font dire les choses, et que j'en aie retranché les termes consacrés, dont on aurait eu peine à lui entendre faire un mauvais usage. Mais il débite au quatrième acte une morale pernicieuse[1]. Mais cette morale est-elle quelque chose dont tout le monde n'eût les oreilles rebattues ? Dit-elle rien de nouveau dans ma comédie ? Et peut-on craindre que des choses si généralement détestées fassent quelque impression dans les esprits ; que je les rende dangereuses en les faisant monter sur le théâtre ; qu'elles reçoivent quelque autorité de la bouche d'un scélérat ? Il n'y a nulle apparence à cela ; et l'on doit approuver la comédie du *Tartuffe*, ou condamner généralement toutes les comédies.

C'est à quoi l'on s'attache furieusement depuis un temps, et jamais on ne s'était si fort déchaîné contre le théâtre[2]. Je ne puis pas nier qu'il n'y ait eu des Pères de l'Église qui ont condamné la comédie ; mais on ne peut pas me nier aussi qu'il n'y en ait eu quelques-uns qui l'ont traitée un peu plus doucement. Ainsi l'autorité dont on prétend appuyer la censure est détruite par ce partage ; et toute la conséquence qu'on peut tirer de cette diversité d'opinions en des esprits éclairés des mêmes lumières, c'est qu'ils ont pris la comédie différemment, et que les uns l'ont considérée dans sa pureté, lorsque les autres l'ont regardée dans sa corruption et confondue avec tous ces vilains spectacles qu'on a eu raison de nommer des spectacles de turpitude[3].

Et en effet, puisqu'on doit discourir des choses et non pas des mots, et que la plupart des contrariétés viennent de ne se pas entendre et d'envelopper dans un même mot des choses opposées, il ne faut qu'ôter le voile de l'équivoque et regarder ce qu'est la comédie en soi, pour voir si elle est condamnable. On connaîtra sans doute que, n'étant autre chose qu'un poème ingénieux qui, par des leçons agréables, reprend les défauts des hommes, on ne saurait la censurer sans injustice ; et si nous voulons ouïr là-dessus le témoignage de l'Antiquité, elle nous dira que ses plus célèbres philosophes ont donné des louanges à la comédie, eux qui faisaient profession d'une sagesse si austère, et qui criaient sans cesse après les vices de leur siècle ; elle nous fera voir qu'Aristote a consacré des veilles au théâtre, et s'est donné le soin de réduire en préceptes l'art de faire des comédies[1] ; elle nous apprendra que de ses plus grands hommes, et des premiers en dignité, ont fait gloire d'en composer eux-mêmes[2], qu'il y en a eu d'autres qui n'ont pas dédaigné de réciter en public celles qu'ils avaient composées, que la Grèce a fait pour cet art éclater son estime par les prix glorieux et par les superbes théâtres dont elle a voulu l'honorer, et que, dans Rome enfin, ce même art a reçu aussi des honneurs extraordinaires : je ne dis pas dans Rome débauchée, et sous la licence des empereurs, mais dans Rome disciplinée, sous la sagesse des consuls, et dans le temps de la vigueur de la vertu romaine.

J'avoue qu'il y a eu des temps où la comédie s'est corrompue. Et qu'est-ce que dans le monde on ne corrompt point tous les jours ? Il n'y a chose si innocente où les hommes ne puissent porter du crime, point d'art si salutaire dont ils ne soient capables de renverser les intentions, rien de si bon en soi qu'ils ne puissent tourner à de mauvais usages. La médecine est un art profitable, et chacun la révère comme une des plus excellentes choses que nous ayons ; et cependant il y a eu des temps où elle s'est rendue odieuse, et souvent on en a fait un art d'empoisonner les hommes. La philosophie est un présent du Ciel ; elle nous a été donnée pour porter nos esprits à la connaissance d'un Dieu par la contemplation des merveilles de la nature ; et pourtant on n'ignore pas que souvent on l'a détournée de son emploi, et qu'on l'a occupée publiquement à soutenir l'impiété. Les choses même les plus saintes ne sont point à couvert de la corruption des hommes ; et nous voyons des scélérats qui, tous les jours, abusent de la piété, et la font servir méchamment aux crimes les plus grands. Mais on ne laisse pas pour cela de faire les distinctions qu'il est besoin de faire. On n'enveloppe point, dans une fausse conséquence, la bonté des choses que l'on corrompt avec la malice des corrupteurs. On sépare toujours le mauvais usage d'avec l'intention de l'art ; et comme on ne s'avise point de défendre la médecine pour avoir été bannie de Rome[1], ni la philosophie, pour avoir été condamnée publiquement dans Athènes[2], on ne doit point aussi vouloir interdire la comédie, pour avoir été censurée en de certains temps. Cette censure a eu ses raisons, qui ne subsistent point ici. Elle s'est renfermée dans ce qu'elle a pu voir ; et nous ne devons point la tirer des bornes qu'elle s'est données, l'étendre plus loin qu'il ne faut, et lui faire embrasser l'innocent avec le coupable. La comédie qu'elle a eu dessein d'attaquer n'est point du tout la comédie que nous voulons défendre. Il se faut bien garder de confondre celle-là avec celle-ci. Ce sont deux personnes de qui les mœurs sont tout à fait opposées. Elles n'ont aucun rapport l'une avec l'autre que la ressemblance du nom ; et ce serait une injustice épouvantable que de vouloir condamner Olympe, qui est femme de bien, parce qu'il y a eu une Olympe qui a été une débauchée. De semblables arrêts, sans doute, feraient un grand désordre dans le monde. Il n'y aurait rien par là qui ne fût condamné ; et puisque l'on ne garde point cette rigueur à tant de choses dont on abuse tous les jours, on doit bien faire la même grâce à la comédie, et approuver les pièces de théâtre où l'on verra régner l'instruction et l'honnêteté.

Je sais qu'il y a des esprits[1], dont la délicatesse ne peut souffrir aucune comédie, qui disent que les plus honnêtes sont les plus dangereuses ; que les passions que l'on y dépeint sont d'autant plus touchantes qu'elles sont pleines de vertu, et que les âmes sont attendries par ces sortes de représentations. Je ne vois pas quel grand crime c'est que de s'attendrir à la vue d'une passion honnête ; et c'est un haut étage de vertu que cette pleine insensibilité où ils veulent faire monter notre âme. Je doute qu'une si grande perfection soit dans les forces de la nature humaine ; et je ne sais s'il n'est pas mieux de travailler à rectifier et adoucir les passions des hommes, que de vouloir les retrancher entièrement. J'avoue qu'il y a des lieux qu'il vaut mieux fréquenter que le théâtre ; et si l'on veut blâmer toutes les choses qui ne regardent pas directement Dieu et notre salut, il est certain que la comédie en doit être, et je ne trouve point mauvais qu'elle soit condamnée avec le reste. Mais supposé, comme il est vrai, que les exercices de la piété souffrent des intervalles et que les hommes aient besoin de divertissement, je soutiens qu'on ne leur en peut trouver un qui soit plus innocent que la comédie. Je me suis étendu trop loin. Finissons par un mot d'un grand prince[2] sur la comédie du *Tartuffe.*

Huit jours après qu'elle eut été défendue, on représenta devant la Cour une pièce intitulée *Scaramouche ermite*[3], et le roi, en sortant, dit au grand prince que je veux dire : « Je voudrais bien savoir pourquoi les gens qui se scandalisent si fort de la comédie de Molière ne

disent mot de celle de *Scaramouche*. » À quoi le prince
répondit : « La raison de cela, c'est que la comédie de
Scaramouche joue le Ciel et la religion, dont ces mes-
sieurs-là ne se soucient point ; mais celle de Molière les
joue eux-mêmes ; c'est ce qu'ils ne peuvent souffrir. »

Comme les moindres choses qui partent de la plume de M. de Molière ont des beautés que les plus délicats ne se peuvent lasser d'admirer, j'ai cru ne devoir pas négliger l'occasion de vous faire part de ces placets, et qu'il était à propos de les joindre au Tartuffe, *puisque partout il y est parlé de cette incomparable pièce.*

PLACETS AU ROI

PREMIER PLACET[1]

PRÉSENTÉ AU ROI, SUR LA COMÉDIE DU *TARTUFFE*

SIRE,

Le devoir de la comédie étant de corriger les hommes en les divertissant, j'ai cru que, dans l'emploi où je me trouve, je n'avais rien de mieux à faire que d'attaquer par des peintures ridicules les vices de mon siècle ; et comme l'hypocrisie sans doute en est un des plus en usage, des plus incommodes et des plus dangereux, j'avais eu, Sire, la pensée que je ne rendrais pas un petit service à tous les honnêtes gens de votre royaume, si je faisais une comédie qui décriât les hypocrites, et mît en vue, comme il faut, toutes les grimaces étudiées de ces gens de bien à outrance, toutes les friponneries couvertes de ces faux-monnayeurs en dévotion, qui veulent attraper les hommes avec un zèle contrefait et une charité sophistique[1].

Je l'ai faite, Sire, cette comédie, avec tout le soin, comme je crois, et toutes les circonspections que pouvait demander la délicatesse de la matière ; et pour mieux conserver l'estime et le respect qu'on doit aux vrais dévots, j'en ai distingué le plus que j'ai pu le caractère que j'avais à toucher[2] ; je n'ai point laissé d'équivoque, j'ai ôté ce qui pouvait confondre le bien avec le mal, et ne me suis servi, dans cette peinture, que des couleurs expresses et des traits essentiels qui font reconnaître d'abord un véritable et franc hypocrite.

Cependant toutes mes précautions ont été inutiles. On a profité, Sire, de la délicatesse de votre âme sur les matières de religion, et l'on a su vous prendre par l'endroit seul que vous êtes prenable, je veux dire par le respect des choses saintes. Les tartuffes, sous main, ont eu l'adresse de trouver grâce auprès de Votre Majesté, et les originaux, enfin, ont fait supprimer la copie, quelque innocente qu'elle fût, et quelque ressemblante qu'on la trouvât.

Bien que ce m'ait été un coup sensible que la suppression de cet ouvrage, mon malheur pourtant était adouci par la manière dont Votre Majesté s'était expliquée sur ce sujet ; et j'ai cru, Sire, qu'elle m'ôtait tout lieu de me plaindre, ayant eu la bonté de déclarer qu'elle ne trouvait rien à dire dans cette comédie qu'elle me défendait de produire en public.

Mais malgré cette glorieuse déclaration du plus grand roi du monde et du plus éclairé, malgré l'approbation

encore de monsieur le légat[1] et de la plus grande partie
de nos prélats[2], qui tous, dans des lectures particulières
que je leur ai faites de mon ouvrage, se sont trouvés
d'accord avec les sentiments de Votre Majesté, malgré
tout cela, dis-je, on voit un livre composé par le curé
de...[3], qui donne hautement un démenti à tous ces
augustes témoignages. Votre Majesté a beau dire, et
M. le légat et MM. les prélats ont beau donner leur jugement, ma comédie, sans l'avoir vue, est diabolique, et
diabolique mon cerveau ; je suis un démon vêtu de
chair et habillé en homme, un libertin, un impie digne
d'un supplice exemplaire. Ce n'est pas assez que le feu
expie en public mon offense, j'en serais quitte à trop
bon marché ; le zèle charitable de ce galant homme de
bien n'a garde de demeurer là : il ne veut point que j'aie
de miséricorde auprès de Dieu, il veut absolument que
je sois damné, c'est une affaire résolue.

Ce livre, Sire, a été présenté à Votre Majesté ; et sans
doute elle juge bien elle-même combien il m'est
fâcheux de me voir exposé tous les jours aux insultes
de ces messieurs ; quel tort me feront dans le monde
de telles calomnies, s'il faut qu'elles soient tolérées ; et
quel intérêt j'ai enfin à me purger[4] de son imposture,
et à faire voir au public que ma comédie n'est rien
moins que ce qu'on veut qu'elle soit. Je ne dirai point,
Sire, ce que j'avais à demander pour ma réputation, et
pour justifier à tout le monde l'innocence de mon
ouvrage : les rois éclairés comme vous n'ont pas besoin
qu'on leur marque ce qu'on souhaite ; ils voient,
comme Dieu, ce qu'il nous faut, et savent mieux que
nous ce qu'ils nous doivent accorder. Il me suffit de
mettre mes intérêts entre les mains de Votre Majesté,
et j'attends d'elle avec respect tout ce qu'il lui plaira
d'ordonner là-dessus.

SECOND PLACET

Sire,

C'est une chose bien téméraire à moi que de venir importuner un grand monarque au milieu de ses glorieuses conquêtes ; mais, dans l'état où je me vois, où trouver, Sire, une protection qu'au lieu[2] où je la viens chercher ? et qui puis-je solliciter, contre l'autorité de la puissance qui m'accable, que la source de la puissance et de l'autorité, que le juste dispensateur des ordres absolus, que le souverain juge et le maître de toutes choses ?

Ma comédie, Sire, n'a pu jouir ici des bontés de Votre Majesté. En vain je l'ai produite sous le titre de *L'Imposteur*, et déguisé le personnage sous l'ajustement d'un homme du monde[3] ; j'ai eu beau lui donner un petit chapeau, de grands cheveux, un grand collet, une épée, et des dentelles sur tout l'habit, mettre en plusieurs endroits des adoucissements, et retrancher avec soin tout ce que j'ai jugé capable de fournir l'ombre d'un prétexte aux célèbres originaux du portrait que je voulais faire : tout cela n'a de rien servi. La cabale[4] s'est réveillée aux simples conjectures qu'ils ont pu avoir de la chose. Ils ont trouvé moyen de surprendre des esprits qui, dans toute autre matière, font une haute profession de ne se point laisser surprendre[5]. Ma comédie n'a pas plus tôt paru, qu'elle s'est vue foudroyée par le coup d'un pouvoir qui doit imposer du respect ; et tout ce que j'ai pu faire en cette rencontre, pour me sauver moi-même de l'éclat de cette tempête, c'est de dire que Votre Majesté avait eu la bonté de m'en permettre la représentation, et que je n'avais pas cru qu'il fût besoin de demander cette permission à d'autres, puisqu'il n'y avait qu'elle seule qui me l'eût défendue.

Je ne doute point, Sire, que les gens que je peins dans ma comédie ne remuent bien des ressorts auprès de Votre Majesté, et ne jettent dans leur parti, comme ils ont déjà fait, de véritables gens de bien, qui sont d'autant plus prompts à se laisser tromper qu'ils jugent d'autrui par eux-mêmes. Ils ont l'art de donner de belles couleurs à toutes leurs intentions. Quelque mine qu'ils fassent, ce n'est point du tout l'intérêt de Dieu qui les peut émouvoir ; ils l'ont assez montré dans les comédies qu'ils ont souffert qu'on ait jouées tant de fois en public sans en dire le moindre mot. Celles-là n'attaquaient que la piété et la religion, dont ils se soucient fort peu ; mais celle-ci les attaque et les joue eux-mêmes, et c'est ce qu'ils ne peuvent souffrir. Ils ne sauraient me pardonner de dévoiler leurs impostures aux yeux de tout le monde ; et sans doute on ne manquera pas de dire à Votre Majesté que chacun s'est scandalisé de ma comédie. Mais la vérité pure, Sire, c'est que tout Paris ne s'est scandalisé que de la défense qu'on en a faite, que les plus scrupuleux en ont trouvé la représentation profitable, et qu'on s'est étonné que des personnes d'une probité si connue aient eu une si grande déférence pour des gens qui devraient être l'horreur de tout le monde et sont si opposés à la véritable piété dont elles font profession.

J'attends avec respect l'arrêt que Votre Majesté daignera prononcer sur cette matière ; mais il est très assuré, Sire, qu'il ne faut plus que je songe à faire des comédies si les Tartuffes ont l'avantage, qu'ils prendront droit par là de me persécuter plus que jamais, et voudront trouver à redire aux choses les plus innocentes qui pourront sortir de ma plume.

Daignent vos bontés, Sire, me donner une protection

contre leur rage envenimée ; et puissé-je, au retour d'une campagne si glorieuse, délasser Votre Majesté des fatigues de ses conquêtes, lui donner d'innocents plaisirs après de si nobles travaux, et faire rire le monarque qui fait trembler toute l'Europe !

TROISIÈME PLACET

PRÉSENTÉ AU ROI[1]

Sire,

Un fort honnête médecin[2], dont j'ai l'honneur d'être le malade, me promet et veut s'obliger par-devant notaires de me faire vivre encore trente années, si je puis lui obtenir une grâce de Votre Majesté. Je lui ai dit, sur sa promesse, que je ne lui demandais pas tant, et que je serais satisfait de lui pourvu qu'il s'obligeât de ne me point tuer. Cette grâce, Sire, est un canonicat de votre chapelle royale de Vincennes, vacant par la mort de...

Oserais-je demander encore cette grâce à Votre Majesté, le propre jour de la grande résurrection de *Tartuffe*, ressuscité par vos bontés ? Je suis, par cette première faveur, réconcilié avec les dévots ; et je le serais, par cette seconde, avec les médecins. C'est pour moi sans doute trop de grâce à la fois ; mais peut-être n'en est-ce pas trop pour Votre Majesté ; et j'attends, avec un peu d'espérance respectueuse, la réponse de mon placet.

ACTEURS

MADAME PERNELLE, *mère d'Orgon.*

ORGON, *mari d'Elmire.*

ELMIRE, *femme d'Orgon.*

DAMIS, *fils d'Orgon.*

MARIANE, *fille d'Orgon et amante de Valère.*

VALÈRE, *amant de Mariane.*

CLÉANTE, *beau-frère d'Orgon.*

TARTUFFE, *faux dévot.*

DORINE, *suivante de Mariane.*

M. LOYAL, *sergent.*

UN EXEMPT.

FLIPOTE, *servante de Madame Pernelle.*

La scène est à Paris [1].

ACTE PREMIER

MADAME PERNELLE *et* FLIPOTE, *sa servante,*
ELMIRE, MARIANE, DORINE, DAMIS, CLÉANTE

MADAME PERNELLE

Allons, Flipote, allons, que d'eux je me délivre.

ELMIRE

Vous marchez d'un tel pas qu'on a peine à vous
[suivre.

MADAME PERNELLE

Laissez, ma bru, laissez, ne venez pas plus loin :
Ce sont toutes façons dont je n'ai pas besoin.

ELMIRE

5 De ce que l'on vous doit envers vous on s'acquitte.
Mais, ma mère, d'où vient que vous sortez si vite ?

MADAME PERNELLE

C'est que je ne puis voir tout ce ménage[1]-ci,
Et que de me complaire on ne prend nul souci.
Oui, je sors de chez vous fort mal édifiée :

10 Dans toutes mes leçons j'y suis contrariée,
   On n'y respecte rien, chacun y parle haut,
   Et c'est tout justement la cour du roi Pétaut[1].

DORINE

Si...

MADAME PERNELLE

   Vous êtes, mamie, une fille suivante[2]
   Un peu trop forte en gueule[3], et fort impertinente :
15 Vous vous mêlez sur tout de dire votre avis.

DAMIS

Mais...

MADAME PERNELLE

      Vous êtes un sot en trois lettres, mon fils ;
   C'est moi qui vous le dis, qui suis votre grand-mère ;
   Et j'ai prédit cent fois à mon fils, votre père,
   Que vous preniez tout l'air d'un méchant garne-
                                              [ment,
20 Et ne lui donneriez jamais que du tourment.

MARIANE

Je crois...

MADAME PERNELLE

      Mon Dieu, sa sœur, vous faites la discrette[4],
   Et vous n'y touchez pas, tant vous semblez doucette ;
   Mais il n'est, comme on dit, pire eau que l'eau qui
                                              [dort,
   Et vous menez sous chape[5] un train que je hais fort.

ELMIRE

25 Mais, ma mère...

MADAME PERNELLE

Ma bru, qu'il ne vous en déplaise,
Votre conduite en tout est tout à fait mauvaise ;
Vous devriez leur mettre un bon exemple aux yeux,
Et leur défunte mère en usait beaucoup mieux.
Vous êtes dépensière ; et cet état me blesse,
30 Que vous alliez vêtue ainsi qu'une princesse.
Quiconque à son mari veut plaire seulement,
Ma bru, n'a pas besoin de tant d'ajustement.

CLÉANTE

Mais, Madame, après tout...

MADAME PERNELLE

Pour vous, Monsieur son frère,
Je vous estime fort, vous aime, et vous révère ;
35 Mais enfin, si j'étais de[1] mon fils, son époux,
Je vous prierais bien fort de n'entrer point chez
                      [nous.
Sans cesse vous prêchez des maximes de vivre
Qui par d'honnêtes gens ne se doivent point suivre.
Je vous parle un peu franc ; mais c'est là mon humeur,
40 Et je ne mâche point ce que j'ai sur le cœur.

DAMIS

Votre Monsieur Tartuffe est bien heureux sans doute...

MADAME PERNELLE

C'est un homme de bien, qu'il faut que l'on écoute ;
Et je ne puis souffrir sans me mettre en courroux
De le voir querellé par un fou comme vous.

DAMIS

45 Quoi ? je souffrirai, moi, qu'un cagot[2] de critique
Vienne usurper céans un pouvoir tyrannique,

Et que nous ne puissions à rien nous divertir,
Si ce beau monsieur-là n'y daigne consentir ?

DORINE

S'il le faut écouter et croire à ses maximes,
50 On ne peut faire rien qu'on ne fasse des crimes ;
Car il contrôle[1] tout, ce critique zélé.

MADAME PERNELLE

Et tout ce qu'il contrôle est fort bien contrôlé.
C'est au chemin du Ciel qu'il prétend vous conduire,
Et mon fils à l'aimer vous devrait tous induire.

DAMIS

55 Non, voyez-vous, ma mère, il n'est père ni rien
Qui me puisse obliger à lui vouloir du bien :
Je trahirais mon cœur de parler d'autre sorte ;
Sur ses façons de faire à tous coups je m'emporte ;
J'en prévois une suite, et qu'avec ce pied plat[2]
60 Il faudra que j'en vienne à quelque grand éclat.

DORINE

Certes, c'est une chose aussi qui scandalise,
De voir qu'un inconnu céans s'impatronise[3],
Qu'un gueux qui, quand il vint, n'avait pas de souliers
Et dont l'habit entier valait bien six deniers[4],
65 En vienne jusque-là que de se méconnaître,
De contrarier tout, et de faire le maître.

MADAME PERNELLE

Hé ! merci de ma vie[5] ! il en irait bien mieux,
Si tout se gouvernait par ses ordres pieux.

DORINE

Il passe pour un saint dans votre fantaisie[6] :
70 Tout son fait, croyez-moi, n'est rien qu'hypocrisie.

MADAME PERNELLE

Voyez la langue !

DORINE

         À lui, non plus qu'à son Laurent,
Je ne me fierais, moi, que sur un bon garant.

MADAME PERNELLE

J'ignore ce qu'au fond le serviteur peut être ;
Mais pour homme de bien je garantis le maître.
75 Vous ne lui voulez mal et ne le rebutez[1]
Qu'à cause qu'il vous dit à tous vos vérités.
C'est contre le péché que son cœur se courrouce,
Et l'intérêt du Ciel est tout ce qui le pousse.

DORINE

Oui ; mais pourquoi, surtout depuis un certain temps,
80 Ne saurait-il souffrir qu'aucun hante céans[2] ?
En quoi blesse le Ciel une visite honnête,
Pour en faire un vacarme à nous rompre la tête ?
Veut-on que là-dessus je m'explique entre nous ?
Je crois que de Madame il est, ma foi, jaloux.

MADAME PERNELLE

85 Taisez-vous, et songez aux choses que vous dites.
Ce n'est pas lui tout seul qui blâme ces visites.
Tout ce tracas qui suit les gens que vous hantez,
Ces carrosses sans cesse à la porte plantés,
Et de tant de laquais le bruyant assemblage
90 Font un éclat fâcheux dans tout le voisinage.
Je veux croire qu'au fond il ne se passe rien ;
Mais enfin on en parle, et cela n'est pas bien.

CLÉANTE

Hé ! voulez-vous, Madame, empêcher qu'on ne cause ?

Ce serait dans la vie une fâcheuse chose,
95 Si pour les sots discours où l'on peut être mis,
Il fallait renoncer à ses meilleurs amis.
Et quand même on pourrait se résoudre à le faire,
Croiriez-vous obliger tout le monde à se taire ?
Contre la médisance[1] il n'est point de rempart.
100 À tous les sots caquets n'ayons donc nul égard ;
Efforçons-nous de vivre avec toute innocence ;
Et laissons aux causeurs une pleine licence.

DORINE

Daphné, notre voisine, et son petit époux
Ne seraient-ils point ceux qui parlent mal de nous ?
105 Ceux de qui la conduite offre le plus à rire
Sont toujours sur autrui les premiers à médire ;
Ils ne manquent jamais de saisir promptement
L'apparente lueur du moindre attachement,
D'en semer la nouvelle avec beaucoup de joie,
110 Et d'y donner le tour qu'ils veulent qu'on y croie :
Des actions d'autrui, teintes de leurs couleurs,
Ils pensent dans le monde autoriser les leurs,
Et sous le faux espoir de quelque ressemblance,
Aux intrigues qu'ils ont donner de l'innocence,
115 Ou faire ailleurs tomber quelques traits partagés
De ce blâme public dont ils sont trop chargés.

MADAME PERNELLE

Tous ces raisonnements ne font rien à l'affaire.
On sait qu'Orante mène une vie exemplaire :
Tous ses soins vont au Ciel ; et j'ai su par des gens
120 Qu'elle condamne fort le train[2] qui vient céans.

DORINE

L'exemple est admirable, et cette dame est bonne !
Il est vrai qu'elle vit en austère personne ;
Mais l'âge dans son âme a mis ce zèle ardent,

Et l'on sait qu'elle est prude à son corps défendant.
125 Tant qu'elle a pu des cœurs attirer les hommages,
Elle a fort bien joui de tous ses avantages ;
Mais, voyant de ses yeux tous les brillants baisser,
Au monde, qui la quitte, elle veut renoncer,
Et du voile pompeux d'une haute sagesse
130 De ses attraits usés déguiser la faiblesse.
Ce sont là les retours[1] des coquettes du temps.
Il leur est dur de voir déserter les galants.
Dans un tel abandon, leur sombre inquiétude
Ne voit d'autre recours que le métier de prude ;
135 Et la sévérité de ces femmes de bien
Censure toute chose, et ne pardonne à rien ;
Hautement d'un chacun elles blâment la vie,
Non point par charité, mais par un trait d'envie,
Qui ne saurait souffrir qu'une autre ait les plaisirs
140 Dont le penchant de l'âge a sevré leurs désirs.

MADAME PERNELLE

Voilà les contes bleus[2] qu'il vous faut pour vous plaire.
Ma bru, l'on est chez vous contrainte de se taire,
Car Madame à jaser tient le dé[3] tout le jour.
Mais enfin je prétends discourir à mon tour :
145 Je vous dis que mon fils n'a rien fait de plus sage
Qu'en recueillant chez soi ce dévot personnage ;
Que le Ciel au besoin[4] l'a céans envoyé
Pour redresser à tous votre esprit fourvoyé ;
Que pour votre salut vous le devez entendre,
150 Et qu'il ne reprend rien qui ne soit à reprendre.
Ces visites, ces bals, ces conversations[5]
Sont du malin esprit toutes inventions.
Là jamais on n'entend de pieuses paroles :
Ce sont propos oisifs, chansons et fariboles ;
155 Bien souvent le prochain en a sa bonne part,
Et l'on y sait médire et du tiers et du quart[6].

Enfin les gens sensés ont leurs têtes troublées
De la confusion de telles assemblées :
Mille caquets divers s'y font en moins de rien ;
160 Et comme l'autre jour un docteur dit fort bien,
C'est véritablement la tour de Babylone[1],
Car chacun y babille, et tout du long de l'aune[2].
Et pour conter l'histoire où ce point l'engagea...

Montrant Cléante.

Voilà-t-il pas Monsieur qui ricane déjà !
165 Allez chercher vos fous qui vous donnent à rire,
Et sans... Adieu, ma bru : je ne veux plus rien dire.
Sachez que pour céans j'en rabats de moitié[3],
Et qu'il fera beau temps quand j'y mettrai le pied.

Donnant un soufflet à Flipote.

Allons, vous ! vous rêvez, et bayez aux corneilles.
170 Jour de Dieu ! je saurai vous frotter les oreilles.
Marchons, gaupe[4], marchons.

SCÈNE II

CLÉANTE, DORINE

CLÉANTE

Je n'y veux point aller,
De peur qu'elle ne vînt encor me quereller,
Que cette bonne femme[5]...

DORINE

Ah ! certes, c'est dommage
Qu'elle ne vous ouït tenir un tel langage :
175 Elle vous dirait bien qu'elle vous trouve bon,
Et qu'elle n'est point d'âge à lui donner ce nom.

CLÉANTE

Comme elle s'est pour rien contre nous échauffée !
Et que de son Tartuffe elle paraît coiffée[1] !

DORINE

Oh ! vraiment tout cela n'est rien au prix du fils,
180 Et si vous l'aviez vu, vous diriez : « C'est bien pis ! »
Nos troubles[2] l'avaient mis sur le pied d'homme sage,
Et pour servir son prince il montra du courage ;
Mais il est devenu comme un homme hébété,
Depuis que de Tartuffe on le voit entêté ;
185 Il l'appelle son frère, et l'aime dans son âme
Cent fois plus qu'il ne fait mère, fils, fille et femme.
C'est de tous ses secrets l'unique confident,
Et de ses actions le directeur[3] prudent ;
Il le choie, il l'embrasse, et pour une maîtresse
190 On ne saurait, je pense, avoir plus de tendresse ;
À table, au plus haut bout[4] il veut qu'il soit assis ;
Avec joie il l'y voit manger autant que six ;
Les bons morceaux de tout, il fait qu'on les lui cède ;
Et s'il vient à roter, il lui dit : « Dieu vous aide ! »

(C'est une servante qui parle[5].)

195 Enfin il en est fou ; c'est son tout, son héros ;
Il l'admire à tous coups, le cite à tout propos ;
Ses moindres actions lui semblent des miracles,
Et tous les mots qu'il dit sont pour lui des oracles.
Lui, qui connaît sa dupe et qui veut en jouir,
200 Par cent dehors fardés a l'art de l'éblouir[6] ;
Son cagotisme[7] en tire à toute heure des sommes,
Et prend droit de gloser sur tous tant que nous
                                    [sommes.
Il n'est pas jusqu'au fat[8] qui lui sert de garçon
Qui ne se mêle aussi de nous faire leçon ;
205 Il vient nous sermonner avec des yeux farouches,

Et jeter nos rubans, notre rouge et nos mouches[1].
Le traître, l'autre jour, nous rompit de ses mains
Un mouchoir qu'il trouva dans une *Fleur des Saints*[2],
Disant que nous mêlions, par un crime effroyable,
210 Avec la sainteté les parures du diable.

SCÈNE III

ELMIRE, MARIANE, DAMIS, CLÉANTE, DORINE

ELMIRE

Vous êtes bien heureux de n'être point venu
Au discours qu'à la porte elle nous a tenu.
Mais j'ai vu mon mari : comme il ne m'a point
                                        [vue,
Je veux aller là-haut attendre sa venue.

CLÉANTE

215 Moi, je l'attends ici pour moins d'amusement[3],
Et je vais lui donner le bonjour seulement.

DAMIS

De l'hymen de ma sœur touchez-lui quelque
                                        [chose.
J'ai soupçon que Tartuffe à son effet[4] s'oppose,
Qu'il oblige mon père à des détours si grands ;
220 Et vous n'ignorez pas quel intérêt j'y prends.
Si même ardeur enflamme et ma sœur et Valère,
La sœur de cet ami, vous le savez, m'est chère ;
Et s'il fallait...

DORINE

Il entre.

SCÈNE IV

ORGON, CLÉANTE, DORINE

ORGON

Ah ! mon frère, bonjour.

CLÉANTE

Je sortais, et j'ai joie à vous voir de retour.
225   La campagne à présent n'est pas beaucoup fleurie.

ORGON

Dorine... Mon beau-frère, attendez, je vous prie :
Vous voulez bien souffrir, pour m'ôter de souci,
Que je m'informe un peu des nouvelles d'ici.
Tout s'est-il, ces deux jours, passé de bonne sorte ?
230   Qu'est-ce qu'on fait céans ? comme est-ce qu'on s'y
[porte ?

DORINE

Madame eut avant-hier la fièvre jusqu'au soir,
Avec un mal de tête étrange à concevoir.

ORGON

Et Tartuffe ?

DORINE

Tartuffe ? Il se porte à merveille,
Gros et gras, le teint frais, et la bouche vermeille[1].

ORGON

235   Le pauvre homme[2] !

DORINE

Le soir, elle eut un grand dégoût,

Et ne put au souper toucher à rien du tout,
Tant sa douleur de tête était encor cruelle !

ORGON

Et Tartuffe ?

DORINE

Il soupa, lui tout seul, devant elle,
Et fort dévotement il mangea deux perdrix,
240 Avec une moitié de gigot en hachis.

ORGON

Le pauvre homme !

DORINE

La nuit se passa tout entière
Sans qu'elle pût fermer un moment la paupière ;
Des chaleurs l'empêchaient de pouvoir sommeiller,
Et jusqu'au jour près d'elle il nous fallut veiller.

ORGON

245 Et Tartuffe ?

DORINE

Pressé d'un sommeil agréable,
Il passa dans sa chambre au sortir de la table,
Et dans son lit bien chaud il se mit tout soudain,
Où sans trouble il dormit jusques au lendemain.

ORGON

Le pauvre homme !

DORINE

À la fin, par nos raisons gagnée,
250 Elle se résolut à souffrir la saignée,
Et le soulagement suivit tout aussitôt.

ORGON

Et Tartuffe ?

DORINE

Il reprit courage comme il faut,
Et contre tous les maux fortifiant son âme,
Pour réparer[1] le sang qu'avait perdu Madame,
255 But à son déjeuner quatre grands coups de vin.

ORGON

Le pauvre homme !

DORINE

Tous deux se portent bien enfin ;
Et je vais à Madame annoncer par avance
La part que vous prenez à sa convalescence.

SCÈNE V

ORGON, CLÉANTE

CLÉANTE

À votre nez, mon frère, elle se rit de vous ;
260 Et sans avoir dessein de vous mettre en courroux,
Je vous dirai tout franc que c'est avec justice.
A-t-on jamais parlé d'un semblable caprice ?
Et se peut-il qu'un homme ait un charme[2] aujourd'hui
À vous faire oublier toutes choses pour lui,
265 Qu'après avoir chez vous réparé sa misère,
Vous en veniez au point... ?

ORGON

Halte-là, mon beau-frère :
Vous ne connaissez pas celui dont vous parlez.

CLÉANTE

Je ne le connais pas, puisque vous le voulez ;
Mais enfin, pour savoir quel homme ce peut être...

ORGON

270 Mon frère, vous seriez charmé de le connaître,
Et vos ravissements ne prendraient point de fin.
C'est un homme... qui... ha !... un homme... un homme...
[enfin.
Qui suit bien ses leçons, goûte une paix profonde,
Et comme du fumier[1] regarde tout le monde.
275 Oui, je deviens tout autre avec son entretien ;
Il m'enseigne à n'avoir affection pour rien,
De toutes amitiés il détache mon âme ;
Et je verrais mourir frère, enfants, mère et femme[2],
Que je m'en soucierais autant que de cela.

CLÉANTE

280 Les sentiments humains, mon frère, que voilà !

ORGON

Ha ! si vous aviez vu comme j'en fis rencontre,
Vous auriez pris pour lui l'amitié que je montre.
Chaque jour à l'église il venait, d'un air doux,
Tout vis-à-vis de moi se mettre à deux genoux.
285 Il attirait les yeux de l'assemblée entière
Par l'ardeur dont au Ciel il poussait sa prière ;
Il faisait des soupirs, de grands élancements[3],
Et baisait humblement la terre à tous moments ;
Et lorsque je sortais, il me devançait vite,
290 Pour m'aller à la porte offrir de l'eau bénite.
Instruit par son garçon[4], qui dans tout l'imitait,
Et de son indigence, et de ce qu'il était,
Je lui faisais des dons ; mais avec modestie
Il me voulait toujours en rendre une partie.

295 « C'est trop, me disait-il, c'est trop de la moitié ;
      Je ne mérite pas de vous faire pitié » ;
      Et quand je refusais de le vouloir reprendre,
      Aux pauvres, à mes yeux, il allait le répandre.
      Enfin le Ciel chez moi me le fit retirer[1],
300 Et depuis ce temps-là tout semble y prospérer.
      Je vois qu'il reprend tout, et qu'à ma femme même
      Il prend, pour mon honneur, un intérêt extrême ;
      Il m'avertit des gens qui lui font les yeux doux,
      Et plus que moi six fois il s'en montre jaloux.
305 Mais vous ne croiriez point jusqu'où monte son zèle :
      Il s'impute à péché la moindre bagatelle ;
      Un rien presque suffit pour le scandaliser ;
      Jusque-là qu'il se vint l'autre jour accuser
      D'avoir pris une puce en faisant sa prière,
310 Et de l'avoir tuée avec trop de colère[2].

CLÉANTE

Parbleu ! vous êtes fou, mon frère, que je crois.
Avec de tels discours, vous moquez-vous de moi ?
Et que prétendez-vous que tout ce badinage ?...

ORGON

Mon frère, ce discours sent le libertinage[3] :
315 Vous en êtes un peu dans votre âme entiché[4] ;
      Et comme je vous l'ai plus de dix fois prêché,
      Vous vous attirerez quelque méchante affaire.

CLÉANTE

Voilà de vos pareils le discours ordinaire :
Ils veulent que chacun soit aveugle comme eux.
320 C'est être libertin que d'avoir de bons yeux,
      Et qui n'adore pas de vaines simagrées
      N'a ni respect ni foi pour les choses sacrées.
      Allez, tous vos discours ne me font point de peur :

Je sais comme je parle, et le Ciel voit mon cœur.
325 De tous vos façonniers[1] on n'est point les esclaves.
Il est de faux dévots ainsi que de faux braves ;
Et comme on ne voit pas qu'où l'honneur les conduit
Les vrais braves soient ceux qui font beaucoup de
[bruit,
Les bons et vrais dévots, qu'on doit suivre à la trace,
330 Ne sont pas ceux aussi qui font tant de grimace.
Hé quoi ? vous ne ferez nulle distinction
Entre l'hypocrisie et la dévotion ?
Vous les voulez traiter d'un semblable langage,
Et rendre même honneur au masque qu'au visage,
335 Égaler l'artifice à la sincérité,
Confondre l'apparence avec la vérité,
Estimer le fantôme autant que la personne,
Et la fausse monnaie à l'égal de la bonne ?
Les hommes la plupart sont étrangement faits !
340 Dans la juste nature on ne les voit jamais ;
La raison a pour eux des bornes trop petites ;
En chaque caractère ils passent ses limites ;
Et la plus noble chose, ils la gâtent souvent
Pour la vouloir outrer et pousser trop avant.
345 Que cela vous soit dit en passant, mon beau-frère.

ORGON

Oui, vous êtes sans doute un docteur qu'on révère ;
Tout le savoir du monde est chez vous retiré ;
Vous êtes le seul sage et le seul éclairé,
Un oracle, un Caton dans le siècle où nous sommes ;
350 Et près de vous ce sont des sots que tous les hommes.

CLÉANTE

Je ne suis point, mon frère, un docteur révéré,
Et le savoir chez moi n'est pas tout retiré.
Mais, en un mot, je sais, pour toute ma science,

Du faux avec le vrai faire la différence.
355 Et comme je ne vois nul genre de héros
Qui soient plus à priser que les parfaits dévots,
Aucune chose au monde et plus noble et plus belle
Que la sainte ferveur d'un véritable zèle,
Aussi ne vois-je rien qui soit plus odieux
360 Que le dehors plâtré d'un zèle spécieux[1],
Que ces francs charlatans, que ces dévots de place[2],
De qui la sacrilège et trompeuse grimace
Abuse impunément et se joue à leur gré
De ce qu'ont les mortels de plus saint et sacré,
365 Ces gens qui, par une âme à l'intérêt soumise,
Font de dévotion métier et marchandise,
Et veulent acheter crédit et dignités
À prix de faux clins d'yeux et d'élans affectés,
Ces gens, dis-je, qu'on voit d'une ardeur non com-
[mune
370 Par le chemin du Ciel courir à leur fortune,
Qui, brûlants et priants, demandent chaque jour,
Et prêchent la retraite au milieu de la cour,
Qui savent ajuster leur zèle avec leurs vices,
Sont prompts[3], vindicatifs, sans foi[4], pleins d'artifices,
375 Et pour perdre quelqu'un couvrent insolemment
De l'intérêt du Ciel leur fier ressentiment,
D'autant plus dangereux dans leur âpre colère,
Qu'ils prennent contre nous des armes qu'on révère,
Et que leur passion, dont on leur sait bon gré,
380 Veut nous assassiner avec un fer sacré.
De ce faux caractère on en voit trop paraître ;
Mais les dévots de cœur sont aisés à connaître.
Notre siècle, mon frère, en expose à nos yeux
Qui peuvent nous servir d'exemples glorieux :
385 Regardez Ariston, regardez Périandre,
Oronte, Alcidamas, Polydore, Clitandre ;
Ce titre par aucun ne leur est débattu ;

Ce ne sont point du tout fanfarons de vertu ;
On ne voit point en eux ce faste[1] insupportable,
390 Et leur dévotion est humaine, est traitable[2] :
Ils ne censurent point toutes nos actions :
Ils trouvent trop d'orgueil dans ces corrections ;
Et laissant la fierté des paroles aux autres,
C'est par leurs actions qu'ils reprennent les nôtres.
395 L'apparence du mal a chez eux peu d'appui[3],
Et leur âme est portée à juger bien d'autrui.
Point de cabale en eux, point d'intrigues à suivre ;
On les voit, pour tous soins, se mêler de bien vivre ;
Jamais contre un pécheur ils n'ont d'acharnement ;
400 Ils attachent leur haine au péché seulement,
Et ne veulent point prendre, avec un zèle extrême,
Les intérêts du Ciel plus qu'il ne veut lui-même.
Voilà mes gens, voilà comme il en faut user,
Voilà l'exemple enfin qu'il se faut proposer.
405 Votre homme, à dire vrai, n'est pas de ce modèle :
C'est de fort bonne foi que vous vantez son zèle ;
Mais par un faux éclat je vous crois ébloui.

ORGON

Monsieur mon cher beau-frère, avez-vous tout dit ?

CLÉANTE

                                Oui.

ORGON

Je suis votre valet[4].

Il veut s'en aller.

CLÉANTE

          De grâce, un mot, mon frère.
410 Laissons là ce discours. Vous savez que Valère
Pour être votre gendre a parole de vous ?

ORGON

Oui.

CLÉANTE

Vous aviez pris jour pour un lien si doux.

ORGON

Il est vrai.

CLÉANTE

Pourquoi donc en différer la fête ?

ORGON

Je ne sais.

CLÉANTE

Auriez-vous autre pensée en tête ?

ORGON

415 Peut-être.

CLÉANTE

Vous voulez manquer à votre foi[1] ?

ORGON

Je ne dis pas cela.

CLÉANTE

Nul obstacle, je crois,
Ne vous peut empêcher d'accomplir vos promesses.

ORGON

Selon.

CLÉANTE

Pour dire un mot, faut-il tant de finesses ?
Valère sur ce point me fait vous visiter.

CLÉANTE

Mais que lui reporter ?

ORGON

Tout ce qu'il vous plaira.

CLÉANTE

Mais il est nécessaire
De savoir vos desseins. Quels sont-ils donc ?

ORGON

De faire
Ce que le Ciel voudra.

CLÉANTE

Mais parlons tout de bon.
Valère a votre foi : la tiendrez-vous, ou non ?

ORGON

425   Adieu.

CLÉANTE

Pour son amour je crains une disgrâce[1],
Et je dois l'avertir de tout ce qui se passe.

ORGON

420   Le Ciel en soit loué !

ACTE II

SCÈNE PREMIÈRE

ORGON, MARIANE

ORGON

Mariane.

MARIANE

Mon père.

ORGON

Approchez, j'ai de quoi
Vous parler en secret.

MARIANE

Que cherchez-vous ?

ORGON. *Il regarde dans un petit cabinet.*

Je vois
Si quelqu'un n'est point là qui pourrait nous
[entendre ;
430 Car ce petit endroit est propre pour surprendre.
Or sus[1], nous voilà bien. J'ai, Mariane, en vous
Reconnu de tout temps un esprit assez doux,
Et de tout temps aussi vous m'avez été chère.

MARIANE

Je suis fort redevable à cet amour de père.

ORGON

435 C'est fort bien dit, ma fille ; et pour le mériter,
Vous devez n'avoir soin que de me contenter.

MARIANE

C'est où je mets aussi ma gloire la plus haute.

ORGON

Fort bien. Que dites-vous de Tartuffe notre hôte ?

MARIANE

Qui, moi ?

ORGON

            Vous. Voyez bien comme vous répondrez.

MARIANE

440 Hélas ! j'en dirai, moi, tout ce que vous voudrez.

ORGON

C'est parler sagement. Dites-moi donc, ma fille,
Qu'en toute sa personne un haut mérite brille,
Qu'il touche votre cœur, et qu'il vous serait doux
De le voir par mon choix devenir votre époux.
445 Eh ?

                    Mariane se recule avec surprise.

MARIANE

      Eh ?

ORGON

      Qu'est-ce ?

MARIANE

Plaît-il ?

ORGON

Quoi ?

MARIANE

Me suis-je méprise ?

ORGON

Comment ?

MARIANE

Qui voulez-vous, mon père, que je dise
Qui me touche le cœur, et qu'il me serait doux
De voir par votre choix devenir mon époux ?

ORGON

Tartuffe.

MARIANE

Il n'en est rien, mon père, je vous jure.
450 Pourquoi me faire dire une telle imposture ?

ORGON

Mais je veux que cela soit une vérité ;
Et c'est assez pour vous que je l'aie arrêté.

MARIANE

Quoi ? vous voulez, mon père... ?

ORGON

Oui, je prétends, ma fille,
Unir par votre hymen Tartuffe à ma famille.
455 Il sera votre époux, j'ai résolu cela ;
Et comme sur vos vœux je...

SCÈNE II

DORINE, ORGON, MARIANE

ORGON

Que faites-vous là ?
La curiosité qui vous pousse est bien forte,
Mamie[1], à nous venir écouter de la sorte.

DORINE

Vraiment, je ne sais pas si c'est un bruit qui part
460 De quelque conjecture, ou d'un coup de hasard,
Mais de ce mariage on m'a dit la nouvelle,
Et j'ai traité cela de pure bagatelle.

ORGON

Quoi donc ? la chose est-elle incroyable ?

DORINE

À tel point,
Que vous-même, Monsieur, je ne vous en crois
[point.

ORGON

465 Je sais bien le moyen de vous le faire croire.

DORINE

Oui, oui, vous nous contez une plaisante histoire.

ORGON

Je conte justement ce qu'on verra dans peu.

DORINE

Chansons !

ORGON

Ce que je dis, ma fille, n'est point jeu.

DORINE

Allez, ne croyez point à Monsieur votre père :
470 Il raille.

ORGON

Je vous dis...

DORINE

Non, vous avez beau faire,
On ne vous croira point.

ORGON

À la fin mon courroux...

DORINE

Hé bien ! on vous croit donc, et c'est tant pis pour
[vous.
Quoi ? se peut-il, Monsieur, qu'avec l'air d'homme
[sage
Et cette large barbe[1] au milieu du visage,
475 Vous soyez assez fou pour vouloir...

ORGON

Écoutez :
Vous avez pris céans certaines privautés
Qui ne me plaisent point ; je vous le dis, mamie.

DORINE

Parlons sans nous fâcher, Monsieur, je vous supplie.
Vous moquez-vous des gens d'avoir fait ce complot ?
480 Votre fille n'est point l'affaire d'un bigot :
Il a d'autres emplois auxquels il faut qu'il pense.

Et puis, que vous apporte une telle alliance ?
À quel sujet aller, avec tout votre bien,
Choisir un gendre gueux ?...

ORGON

                    Taisez-vous. S'il n'a rien,
485 Sachez que c'est par là qu'il faut qu'on le révère.
Sa misère est sans doute une honnête misère ;
Au-dessus des grandeurs elle doit l'élever,
Puisque enfin de son bien il s'est laissé priver
Par son trop peu de soin[1] des choses temporelles,
490 Et sa puissante attache aux choses éternelles.
Mais mon secours pourra lui donner les moyens
De sortir d'embarras et rentrer dans ses biens :
Ce sont fiefs qu'à bon titre au pays on renomme ;
Et tel que l'on le voit, il est bien gentilhomme[2].

DORINE

495 Oui, c'est lui qui le dit : et cette vanité,
Monsieur, ne sied pas bien avec la piété.
Qui d'une sainte vie embrasse l'innocence
Ne doit point tant prôner son nom et sa naissance,
Et l'humble procédé de la dévotion
500 Souffre mal les éclats de cette ambition.
À quoi bon cet orgueil ?... Mais ce discours vous
                                  [blesse :
Parlons de sa personne, et laissons sa noblesse.
Ferez-vous possesseur, sans quelque peu d'ennui,
D'une fille comme elle un homme comme lui ?
505 Et ne devez-vous pas songer aux bienséances,
Et de cette union prévoir les conséquences ?
Sachez que d'une fille on risque la vertu,
Lorsque dans son hymen son goût est combattu,
Que le dessein d'y vivre en honnête personne
510 Dépend des qualités du mari qu'on lui donne,

Et que ceux dont partout on montre au doigt le front
Font leurs femmes souvent ce qu'on voit qu'elles sont.
Il est bien difficile enfin d'être fidèle
À de certains maris faits d'un certain modèle ;
515   Et qui donne à sa fille un homme qu'elle hait
Est responsable au Ciel des fautes qu'elle fait.
Songez à quels périls votre dessein vous livre.

ORGON

Je vous dis qu'il me faut apprendre d'elle à vivre.

DORINE

Vous n'en feriez que mieux de suivre mes leçons.

ORGON

520   Ne nous amusons point, ma fille, à ces chansons :
Je sais ce qu'il vous faut, et je suis votre père.
J'avais donné pour vous ma parole à Valère ;
Mais outre qu'à jouer on dit qu'il est enclin,
Je le soupçonne encor d'être un peu libertin :
525   Je ne remarque point qu'il hante les églises.

DORINE

Voulez-vous qu'il y coure à vos heures précises,
Comme ceux qui n'y vont que pour être aperçus ?

ORGON

Je ne demande pas votre avis là-dessus.
Enfin avec le Ciel l'autre est le mieux du monde,
530   Et c'est une richesse à nulle autre seconde.
Cet hymen de tous biens comblera vos désirs,
Il sera tout confit[1] en douceurs et plaisirs.
Ensemble vous vivrez, dans vos ardeurs fidèles,
Comme deux vrais enfants, comme deux tourterelles ;
535   À nul fâcheux débat jamais vous n'en viendrez,
Et vous ferez de lui tout ce que vous voudrez.

DORINE

Elle ? elle n'en fera qu'un sot[1], je vous assure.

ORGON

Ouais ! quels discours !

DORINE

Je dis qu'il en a l'encolure,
Et que son ascendant[2], Monsieur, l'emportera
540 Sur toute la vertu que votre fille aura.

ORGON

Cessez de m'interrompre, et songez à vous taire,
Sans mettre votre nez où vous n'avez que faire.

DORINE

Je n'en parle, Monsieur, que pour votre intérêt.

Elle l'interrompt toujours au moment qu'il se retourne
pour parler à sa fille.

ORGON

C'est prendre trop de soin : taisez-vous, s'il vous plaît.

DORINE

545 Si l'on ne vous aimait...

ORGON

Je ne veux pas qu'on m'aime.

DORINE

Et je veux vous aimer, Monsieur, malgré vous-même.

ORGON

Ah !

DORINE

Votre honneur m'est cher, et je ne puis souffrir
Qu'aux brocards d'un chacun vous alliez vous offrir.

ORGON

Vous ne vous tairez point ?

DORINE

C'est une conscience[1]
550 Que de vous laisser faire une telle alliance.

ORGON

Te tairas-tu, serpent, dont les traits effrontés... ?

DORINE

Ah ! vous êtes dévot, et vous vous emportez ?

ORGON

Oui, ma bile s'échauffe à toutes ces fadaises,
Et tout résolument je veux que tu te taises.

DORINE

555 Soit. Mais, ne disant mot, je n'en pense pas moins.

ORGON

Pense, si tu le veux ; mais applique tes soins
À ne m'en point parler, ou... Suffit.

Se retournant vers sa fille.

Comme sage,
J'ai pesé mûrement toutes choses.

DORINE

J'enrage
De ne pouvoir parler.

Elle se tait lorsqu'il tourne la tête.

ORGON

Sans être damoiseau[1],
560 Tartuffe est fait de sorte...

DORINE

Oui, c'est un beau museau.

ORGON

Que quand tu n'aurais même aucune sympathie
Pour tous les autres dons...

Il se tourne devant elle, et la regarde les bras croisés.

DORINE

La voilà bien lotie !
Si j'étais en sa place, un homme assurément
Ne m'épouserait pas de force impunément ;
565 Et je lui ferais voir bientôt après la fête
Qu'une femme a toujours une vengeance prête.

ORGON

Donc, de ce que je dis on ne fera nul cas ?

DORINE

De quoi vous plaignez-vous ? Je ne vous parle pas.

ORGON

Qu'est-ce que tu fais donc ?

DORINE

Je me parle à moi-même.

ORGON

570 Fort bien. Pour châtier son insolence extrême,
Il faut que je lui donne un revers de ma main.

*Il se met en posture de lui donner un soufflet ; et
Dorine, à chaque coup d'œil qu'il jette, se tient droite
sans parler.*

Ma fille, vous devez approuver mon dessein...
Croire que le mari... que j'ai su vous élire[1]...

À *Dorine.*

Que ne te parles-tu ?

DORINE

Je n'ai rien à me dire.

ORGON

575 Encore un petit mot.

DORINE

Il ne me plaît pas, moi.

ORGON

Certes, je t'y guettais.

DORINE

Quelque sotte, ma foi !

ORGON

Enfin, ma fille, il faut payer d'obéissance,
Et montrer pour mon choix entière déférence.

DORINE, *en s'enfuyant.*

Je me moquerais fort de prendre un tel époux.

Il lui veut donner un soufflet et la manque.

ORGON

580 Vous avez là, ma fille, une peste avec vous,

Avec qui sans péché je ne saurais plus vivre.
Je me sens hors d'état maintenant de poursuivre :
Ses discours insolents m'ont mis l'esprit en feu,
Et je vais prendre l'air pour me rasseoir[1] un peu.

SCÈNE III

DORINE, MARIANE

DORINE

585 Avez-vous donc perdu, dites-moi, la parole,
Et faut-il qu'en ceci je fasse votre rôle ?
Souffrir qu'on vous propose un projet insensé,
Sans que du moindre mot vous l'ayez repoussé !

MARIANE

Contre un père absolu que veux-tu que je fasse ?

DORINE

590 Ce qu'il faut pour parer une telle menace.

MARINE

Quoi ?

DORINE

      Lui dire qu'un cœur n'aime point par autrui,
Que vous vous mariez pour vous, non pas pour lui,
Qu'étant celle pour qui se fait toute l'affaire,
C'est à vous, non à lui, que le mari doit plaire,
595 Et que si son Tartuffe est pour lui si charmant,
Il le peut épouser sans nul empêchement.

MARIANE

Un père, je l'avoue, a sur nous tant d'empire,
Que je n'ai jamais eu la force de rien dire.

DORINE

Mais raisonnons. Valère a fait pour vous des pas[1] :
600 L'aimez-vous, je vous prie, ou ne l'aimez-vous pas ?

MARIANE

Ah ! qu'envers mon amour ton injustice est grande,
Dorine ! me dois-tu faire cette demande ?
T'ai-je pas là-dessus ouvert cent fois mon cœur,
Et sais-tu pas pour lui jusqu'où va mon ardeur ?

DORINE

605 Que sais-je si le cœur a parlé par la bouche,
Et si c'est tout de bon que cet amant vous touche ?

MARIANE

Tu me fais un grand tort, Dorine, d'en douter,
Et mes vrais sentiments ont su trop éclater.

DORINE

Enfin, vous l'aimez donc ?

MARIANE

Oui, d'une ardeur extrême.

DORINE

610 Et selon l'apparence il vous aime de même ?

MARIANE

Je le crois.

DORINE

Et tous deux brûlez également
De vous voir mariés ensemble ?

MARIANE

Assurément.

DORINE

Sur cette autre union quelle est donc votre attente ?

MARIANE

De me donner la mort si l'on me violente.

DORINE

615 Fort bien : c'est un recours où je ne songeais pas ;
Vous n'avez qu'à mourir pour sortir d'embarras ;
Le remède sans doute est merveilleux. J'enrage
Lorsque j'entends tenir ces sortes de langage.

MARIANE

Mon Dieu ! de quelle humeur, Dorine, tu te rends !
620 Tu ne compatis point aux déplaisirs des gens.

DORINE

Je ne compatis point à qui dit des sornettes
Et dans l'occasion[1] mollit comme vous faites.

MARIANE

Mais que veux-tu ? si j'ai de la timidité.

DORINE

Mais l'amour dans un cœur veut de la fermeté.

MARIANE

625 Mais n'en gardé-je pas pour les feux de Valère ?
Et n'est-ce pas à lui de m'obtenir d'un père ?

DORINE

Mais quoi ? si votre père est un bourru[2] fieffé,
Qui s'est de son Tartuffe entièrement coiffé[3]
Et manque à l'union qu'il avait arrêtée,
630 La faute à votre amant doit-elle être imputée ?

MARIANE

Mais par un haut refus et d'éclatants mépris
Ferai-je dans mon choix voir un cœur trop épris ?
Sortirai-je pour lui, quelque éclat dont il brille,
De la pudeur du sexe et du devoir de fille ?
635 Et veux-tu que mes feux par le monde étalés... ?

DORINE

Non, non, je ne veux rien. Je vois que vous voulez
Être à Monsieur[1] Tartuffe ; et j'aurais, quand j'y pense,
Tort de vous détourner d'une telle alliance.
Quelle raison aurais-je à combattre vos vœux ?
640 Le parti de soi-même est fort avantageux.
Monsieur Tartuffe ! oh ! oh ! n'est-ce rien qu'on
                                    [propose ?
Certes, Monsieur Tartuffe, à bien prendre la chose,
N'est pas un homme, non, qui se mouche du pied[2],
Et ce n'est pas peu d'heur que d'être sa moitié.
645 Tout le monde déjà de gloire le couronne ;
Il est noble chez lui, bien fait de sa personne ;
Il a l'oreille rouge et le teint bien fleuri :
Vous vivrez trop contente avec un tel mari.

MARIANE

Mon Dieu !...

DORINE

          Quelle allégresse aurez-vous dans votre âme,
650 Quand d'un époux si beau vous vous verrez la femme !

MARIANE

Ha ! cesse, je te prie, un semblable discours,
Et contre cet hymen ouvre-moi du secours.
C'en est fait, je me rends, et suis prête à tout faire.

DORINE

Non, il faut qu'une fille obéisse à son père,
655 Voulût-il lui donner un singe pour époux.
Votre sort est fort beau : de quoi vous plaignez-
[vous ?
Vous irez par le coche[1] en sa petite ville,
Qu'en oncles et cousins vous trouverez fertile,
Et vous vous plairez fort à les entretenir[2].
660 D'abord chez le beau monde on vous fera venir ;
Vous irez visiter, pour votre bienvenue,
Madame la baillive[3] et Madame l'élue,
Qui d'un siège pliant[4] vous feront honorer.
Là, dans le carnaval, vous pourrez espérer
665 Le bal et la grand-bande[5], à savoir, deux musettes,
Et parfois Fagotin[6] et les marionnettes,
Si pourtant votre époux...

MARIANE

                    Ah ! tu me fais mourir.
De tes conseils plutôt songe à me secourir.

DORINE

Je suis votre servante[7].

MARIANE

                Eh ! Dorine, de grâce...

DORINE

670 Il faut, pour vous punir, que cette affaire passe.

MARIANE

Ma pauvre fille !

DORINE

            Non.

MARIANE

Si mes vœux déclarés...

DORINE

Point : Tartuffe est votre homme, et vous en tâterez.

MARIANE

Tu sais qu'à toi toujours je me suis confiée :
Fais-moi...

DORINE

Non, vous serez, ma foi ! tartuffiée.

MARIANE

675 Hé bien ! puisque mon sort ne saurait t'émou-
[voir,
Laisse-moi désormais toute à mon désespoir :
C'est de lui que mon cœur empruntera de l'aide,
Et je sais de mes maux l'infaillible remède.

Elle veut s'en aller.

DORINE

Hé ! là, là, revenez. Je quitte mon courroux.
680 Il faut, nonobstant tout, avoir pitié de vous.

MARIANE

Vois-tu, si l'on m'expose à ce cruel martyre,
Je te le dis, Dorine, il faudra que j'expire.

DORINE

Ne vous tourmentez point. On peut adroitement
Empêcher... Mais voici Valère, votre amant.

SCÈNE IV

VALÈRE, MARIANE, DORINE

VALÈRE

685 On vient de débiter, Madame, une nouvelle
     Que je ne savais pas, et qui sans doute est belle.

MARIANE

Quoi ?

VALÈRE

     Que vous épousez Tartuffe.

MARIANE

                              Il est certain
Que mon père s'est mis en tête ce dessein.

VALÈRE

Votre père, Madame...

MARIANE

                    A changé de visée :
690 La chose vient par lui de m'être proposée.

VALÈRE

Quoi ? sérieusement ?

MARIANE

                    Oui, sérieusement.
Il s'est pour cet hymen déclaré hautement.

VALÈRE

Et quel est le dessein où votre âme s'arrête,
Madame ?

MARIANE

Je ne sais.

VALÈRE

La réponse est honnête.

695   Vous ne savez ?

MARIANE

Non.

VALÈRE

Non ?

MARIANE

Que me conseillez-vous ?

VALÈRE

Je vous conseille, moi, de prendre cet époux.

MARIANE

Vous me le conseillez ?

VALÈRE

Oui.

MARIANE

Tout de bon ?

VALÈRE

Sans doute[1] :
Le choix est glorieux, et vaut bien qu'on l'écoute.

MARIANE

Hé bien ! c'est un conseil, Monsieur, que je reçois[2].

VALÈRE

700 Vous n'aurez pas grand-peine à le suivre, je crois.

MARIANE

Pas plus qu'à le donner en a souffert votre âme.

VALÈRE

Moi, je vous l'ai donné pour vous plaire, Madame.

MARIANE

Et moi, je le suivrai pour vous faire plaisir.

DORINE

Voyons ce qui pourra de ceci réussir[1].

VALÈRE

705 C'est donc ainsi qu'on aime ? Et c'était tromperie
Quand vous...

MARIANE

                    Ne parlons point de cela, je vous prie.
Vous m'avez dit tout franc que je dois accepter
Celui que pour époux on me veut présenter :
Et je déclare, moi, que je prétends le faire,
710 Puisque vous m'en donnez le conseil salutaire.

VALÈRE

Ne vous excusez point sur mes intentions.
Vous aviez pris déjà vos résolutions ;
Et vous vous saisissez d'un prétexte frivole
Pour vous autoriser à manquer de parole.

MARIANE

715 Il est vrai, c'est bien dit.

VALÈRE

             Sans doute ; et votre cœur
N'a jamais eu pour moi de véritable ardeur.

MARIANE

Hélas ! permis à vous d'avoir cette pensée.

VALÈRE

Oui, oui, permis à moi ; mais mon âme offensée
Vous préviendra[1] peut-être en un pareil dessein ;
720   Et je sais où porter et mes vœux et ma main.

MARIANE

Ah ! je n'en doute point ; et les ardeurs qu'excite
Le mérite…

VALÈRE

          Mon Dieu, laissons là le mérite :
J'en ai fort peu sans doute, et vous en faites foi.
Mais j'espère aux bontés qu'une autre aura pour moi,
725   Et j'en sais de qui l'âme, à ma retraite ouverte,
Consentira sans honte à réparer ma perte.

MARIANE

La perte n'est pas grande ; et de ce changement
Vous vous consolerez assez facilement.

VALÈRE

J'y ferai mon possible, et vous le pouvez croire.
730   Un cœur qui nous oublie engage notre gloire[2] ;
Il faut à l'oublier mettre aussi tous nos soins :
Si l'on n'en vient à bout, on le doit feindre au moins ;
Et cette lâcheté jamais ne se pardonne,
De montrer de l'amour pour qui nous abandonne.

MARIANE

735 Ce sentiment, sans doute, est noble et relevé.

VALÈRE

Fort bien ; et d'un chacun il doit être approuvé.
Hé quoi ? vous voudriez qu'à jamais dans mon âme
Je gardasse pour vous les ardeurs de ma flamme,
Et vous visse, à mes yeux, passer en d'autres bras,
740 Sans mettre ailleurs un cœur dont vous ne voulez pas ?

MARIANE

Au contraire : pour moi, c'est ce que je souhaite ;
Et je voudrais déjà que la chose fût faite.

VALÈRE

Vous le voudriez ?

MARIANE

Oui.

VALÈRE

C'est assez m'insulter,
Madame ; et de ce pas je vais vous contenter.

Il fait un pas pour s'en aller et revient toujours.

MARIANE

745 Fort bien.

VALÈRE

Souvenez-vous au moins que c'est vous-même
Qui contraignez mon cœur à cet effort extrême.

MARIANE

Oui.

VALÈRE

Et que le dessein que mon âme conçoit
N'est rien qu'à votre exemple.

MARIANE

À mon exemple, soit.

VALÈRE

Suffit : vous allez être à point nommé servie.

MARIANE

750 Tant mieux.

VALÈRE

Vous me voyez, c'est pour toute ma vie.

MARIANE

À la bonne heure.

VALÈRE. *Il s'en va ; et, lorsqu'il est vers la porte,
il se retourne.*

Euh ?

MARIANE

Quoi ?

VALÈRE

Ne m'appelez-vous pas ?

MARIANE

Moi ? Vous rêvez.

VALÈRE

Hé bien ! je poursuis donc mes pas.
Adieu, Madame.

MARIANE

Adieu, Monsieur.

DORINE

                    Pour moi, je pense
Que vous perdez l'esprit par cette extravagance ;
755 Et je vous ai laissé tout du long quereller,
Pour voir où tout cela pourrait enfin aller.
Holà ! Seigneur Valère.

Elle va l'arrêter par le bras, et lui, fait mine de grande
résistance.

VALÈRE

                    Hé ! que veux-tu, Dorine ?

DORINE

Venez ici.

VALÈRE

                    Non, non, le dépit me domine.
Ne me détourne point de ce qu'elle a voulu.

DORINE

760 Arrêtez.

VALÈRE

                    Non, vois-tu ? c'est un point résolu.

DORINE

Ah !

MARIANE

    Il souffre à me voir, ma présence le chasse,
Et je ferai bien mieux de lui quitter la place.

DORINE. *Elle quitte Valère et court à Mariane.*

À l'autre. Où courez-vous ?

MARIANE

Laisse.

DORINE

Il faut revenir.

MARIANE

Non, non, Dorine ; en vain tu veux me retenir.

VALÈRE

765 Je vois bien que ma vue est pour elle un supplice,
Et sans doute il vaut mieux que je l'en affranchisse.

DORINE. *Elle quitte Mariane et court à Valère.*

Encor ? Diantre soit fait de vous si je le veux !
Cessez ce badinage, et venez çà tous deux.

Elle les tire l'un et l'autre.

VALÈRE

Mais quel est ton dessein ?

MARIANE

Qu'est-ce que tu veux faire ?

DORINE

770 Vous bien remettre ensemble, et vous tirer d'affaire.
Êtes-vous fou d'avoir un pareil démêlé ?

VALÈRE

N'as-tu pas entendu comme elle m'a parlé ?

DORINE

Êtes-vous folle, vous, de vous être emportée ?

MARIANE

N'as-tu pas vu la chose, et comme il m'a traitée ?

DORINE

775 Sottise des deux parts. Elle n'a d'autre soin
Que de se conserver à vous, j'en suis témoin.
Il n'aime que vous seule, et n'a point d'autre envie
Que d'être votre époux ; j'en réponds sur ma vie.

MARIANE

Pourquoi donc me donner un semblable conseil ?

VALÈRE

780 Pourquoi m'en demander sur un sujet pareil ?

DORINE

Vous êtes fous tous deux. Çà, la main, l'un et l'autre.
Allons, vous.

VALÈRE, *en donnant sa main à Dorine.*

À quoi bon ma main ?

DORINE

Ah ! çà, la vôtre.

MARIANE, *en donnant aussi sa main.*

De quoi sert tout cela ?

DORINE

Mon Dieu ! vite, avancez.
Vous vous aimez tous deux plus que vous ne pensez.

VALÈRE

785 Mais ne faites donc point les choses avec peine,
Et regardez un peu les gens sans nulle haine.

Mariane tourne l'œil sur Valère et fait un petit souris[1].

DORINE

À vous dire le vrai, les amants sont bien fous !

VALÈRE

Ho çà, n'ai-je pas lieu de me plaindre de vous ?
Et, pour n'en point mentir, n'êtes-vous pas méchante
790 De vous plaire à me dire une chose affligeante ?

MARIANE

Mais vous, n'êtes-vous pas l'homme le plus ingrat… ?

DORINE

Pour une autre saison laissons tout ce débat,
Et songeons à parer ce fâcheux mariage.

MARIANE

Dis-nous donc quels ressorts il faut mettre en usage.

DORINE

795 Nous en ferons agir de toutes les façons.
Votre père se moque, et ce sont des chansons ;
Mais pour vous, il vaut mieux qu'à son extravagance
D'un doux consentement vous prêtiez l'apparence,
Afin qu'en cas d'alarme il vous soit plus aisé
800 De tirer en longueur cet hymen proposé.
En attrapant du temps, à tout on remédie.
Tantôt vous payerez[2] de quelque maladie,
Qui viendra tout à coup et voudra des délais ;
Tantôt vous payerez de présages mauvais :
805 Vous aurez fait d'un mort la rencontre fâcheuse,
Cassé quelque miroir, ou songé d'eau bourbeuse.
Enfin le bon de tout c'est qu'à d'autres qu'à lui
On ne vous peut lier, que vous ne disiez « oui ».

Mais pour mieux réussir, il est bon, ce me semble,
810 Qu'on ne vous trouve point tous deux parlant en-
                                             [semble.

                                         À Valère.

Sortez, et sans tarder, employez vos amis,
Pour vous faire tenir ce qu'on vous a promis.
Nous allons réveiller les efforts de son frère,
Et dans notre parti jeter la belle-mère[1].
815 Adieu.

                   VALÈRE, *à Mariane.*

        Quelques efforts que nous préparions tous,
Ma plus grande espérance, à vrai dire, est en vous.

                   MARIANE, *à Valère.*

Je ne vous réponds pas des volontés d'un père ;
Mais je ne serai point à d'autre qu'à Valère.

                          VALÈRE

Que vous me comblez d'aise ! Et quoi que puisse
                                             [oser...

                          DORINE

820 Ah ! jamais les amants ne sont las de jaser.
Sortez, vous dis-je.

              VALÈRE. *Il fait un pas et revient.*

                    Enfin...

                          DORINE

                      Quel caquet est le vôtre !

              Les poussant chacun par l'épaule.

Tirez[2] de cette part ; et vous, tirez de l'autre.

ACTE III

SCÈNE PREMIÈRE

DAMIS, DORINE

DAMIS

Que la foudre sur l'heure achève mes destins,
Qu'on me traite partout du plus grand des faquins[1]
825 S'il est aucun respect ni pouvoir qui m'arrête,
Et si je ne fais pas quelque coup de ma tête !

DORINE

De grâce, modérez un tel emportement :
Votre père n'a fait qu'en parler simplement.
On n'exécute pas tout ce qui se propose,
830 Et le chemin est long du projet à la chose.

DAMIS

Il faut que de ce fat j'arrête les complots,
Et qu'à l'oreille un peu je lui dise deux mots.

DORINE

Ha ! tout doux ! Envers lui, comme envers votre père,
Laissez agir les soins de votre belle-mère.

835 Sur l'esprit de Tartuffe elle a quelque crédit ;
Il se rend complaisant à tout ce qu'elle dit,
Et pourrait bien avoir douceur de cœur pour
                                                    [elle.
Plût à Dieu qu'il fût vrai ! la chose serait belle.
Enfin votre intérêt l'oblige à le mander ;
840 Sur l'hymen qui vous trouble elle veut le sonder,
Savoir ses sentiments, et lui faire connaître
Quels fâcheux démêlés il pourra faire naître,
S'il faut qu'à ce dessein il prête quelque espoir.
Son valet dit qu'il prie, et je n'ai pu le voir ;
845 Mais ce valet m'a dit qu'il s'en allait descendre.
Sortez donc, je vous prie, et me laissez l'attendre.

DAMIS

Je puis être présent à tout cet entretien.

DORINE

Point. Il faut qu'ils soient seuls.

DAMIS

                                    Je ne lui dirai rien.

DORINE

Vous vous moquez : on sait vos transports[1] ordi-
                                                    [naires
850 Et c'est le vrai moyen de gâter les affaires.
Sortez.

DAMIS

    Non : je veux voir, sans me mettre en courroux.

DORINE

Que vous êtes fâcheux ! Il vient. Retirez-vous.

SCÈNE II

TARTUFFE, LAURENT, DORINE

TARTUFFE, *apercevant Dorine.*

Laurent, serrez ma haire[1] avec ma discipline[2] ;
Et priez que toujours le Ciel vous illumine.
855 Si l'on vient pour me voir, je vais aux prisonniers
Des aumônes que j'ai partager les deniers.

DORINE

Que d'affectation et de forfanterie !

TARTUFFE

Que voulez-vous ?

DORINE

Vous dire…

TARTUFFE. *Il tire un mouchoir de sa poche.*

Ah ! mon Dieu, je vous prie,
Avant que de parler prenez-moi ce mouchoir.

DORINE

860 Comment ?

TARTUFFE

Couvrez ce sein que je ne saurais voir :
Par de pareils objets les âmes sont blessées,
Et cela fait venir de coupables pensées.

DORINE

Vous êtes donc bien tendre[3] à la tentation,
Et la chair sur vos sens fait grande impression !

865 Certes, je ne sais pas quelle chaleur vous monte :
Mais à convoiter[1], moi, je ne suis point si prompte,
Et je vous verrais nu du haut jusques en bas,
Que toute votre peau ne me tenterait pas.

TARTUFFE

Mettez dans vos discours un peu de modestie,
870 Ou je vais sur-le-champ vous quitter la partie.

DORINE

Non, non, c'est moi qui vais vous laisser en repos,
Et je n'ai seulement qu'à vous dire deux mots.
Madame va venir dans cette salle basse[2],
Et d'un mot d'entretien vous demande la grâce.

TARTUFFE

875 Hélas ! très volontiers.

DORINE, *en soi-même.*

              Comme il se radoucit !
Ma foi, je suis toujours pour ce que j'en ai dit.

TARTUFFE

Viendra-t-elle bientôt ?

DORINE

              Je l'entends, ce me semble.
Oui, c'est elle en personne, et je vous laisse ensemble.

SCÈNE III

ELMIRE, TARTUFFE

TARTUFFE

Que le Ciel à jamais par sa toute bonté
880 Et de l'âme et du corps vous donne la santé,

Et bénisse vos jours autant que le désire
Le plus humble de ceux que son amour inspire.

ELMIRE

Je suis fort obligée à ce souhait pieux.
Mais prenons une chaise, afin d'être un peu mieux.

TARTUFFE

885 Comment de votre mal vous sentez-vous remise ?

ELMIRE

Fort bien ; et cette fièvre a bientôt quitté prise.

TARTUFFE

Mes prières n'ont pas le mérite qu'il faut
Pour avoir attiré cette grâce d'en haut ;
Mais je n'ai fait au Ciel nulle dévote instance
890 Qui n'ait eu pour objet votre convalescence.

ELMIRE

Votre zèle pour moi s'est trop inquiété.

TARTUFFE

On ne peut trop chérir votre chère santé,
Et pour la rétablir j'aurais donné la mienne.

ELMIRE

C'est pousser bien avant la charité chrétienne,
895 Et je vous dois beaucoup pour toutes ces bontés.

TARTUFFE

Je fais bien moins pour vous que vous ne méritez.

ELMIRE

J'ai voulu vous parler en secret d'une affaire,
Et suis bien aise ici qu'aucun ne nous éclaire[1].

TARTUFFE

J'en suis ravi de même, et sans doute il m'est doux,
900 Madame, de me voir seul à seul avec vous :
C'est une occasion qu'au Ciel j'ai demandée,
Sans que jusqu'à cette heure il me l'ait accordée.

ELMIRE

Pour moi, ce que je veux, c'est un mot d'entretien,
Où tout votre cœur s'ouvre, et ne me cache rien.

TARTUFFE

905 Et je ne veux aussi pour grâce singulière
Que montrer à vos yeux mon âme tout entière,
Et vous faire serment que les bruits que j'ai faits
Des visites qu'ici reçoivent vos attraits
Ne sont pas envers vous l'effet d'aucune haine,
910 Mais plutôt d'un transport de zèle qui m'entraîne,
Et d'un pur mouvement...

ELMIRE

                                    Je le prends bien aussi,
Et crois que mon salut vous donne ce souci.

TARTUFFE. *Il lui serre le bout des doigts.*

Oui, Madame, sans doute, et ma ferveur est telle...

ELMIRE

Ouf ! vous me serrez trop.

TARTUFFE

                                    C'est par excès de zèle.
915 De vous faire aucun mal je n'eus jamais dessein,
Et j'aurais bien plutôt...

                                    Il lui met la main sur le genou.

ELMIRE

Que fait là votre main ?

TARTUFFE

Je tâte votre habit : l'étoffe en est moelleuse.

ELMIRE

Ah ! de grâce, laissez, je suis fort chatouilleuse.

Elle recule sa chaise, et Tartuffe rapproche la sienne.

TARTUFFE

Mon Dieu ! que de ce point l'ouvrage est merveilleux !
920   On travaille aujourd'hui d'un air miraculeux ;
Jamais, en toute chose, on n'a vu si bien faire.

ELMIRE

Il est vrai. Mais parlons un peu de notre affaire.
On tient que mon mari veut dégager sa foi
Et vous donner sa fille. Est-il vrai, dites-moi ?

TARTUFFE

925   Il m'en a dit deux mots ; mais, Madame, à vrai dire,
Ce n'est pas le bonheur après quoi je soupire ;
Et je vois autre part les merveilleux attraits
De la félicité qui fait tous mes souhaits.

ELMIRE

C'est que vous n'aimez rien des choses de la terre.

TARTUFFE

930   Mon sein n'enferme pas un cœur qui soit de pierre.

ELMIRE

Pour moi, je crois qu'au Ciel tendent tous vos soupirs,
Et que rien ici-bas n'arrête vos désirs.

TARTUFFE

L'amour qui nous attache aux beautés éternelles
N'étouffe pas en nous l'amour des temporelles ;
935 Nos sens facilement peuvent être charmés
Des ouvrages parfaits que le Ciel a formés.
Ses attraits réfléchis brillent dans vos pareilles ;
Mais il étale en vous ses plus rares merveilles.
Il a sur votre face épanché des beautés
940 Dont les yeux sont surpris, et les cœurs transportés,
Et je n'ai pu vous voir, parfaite créature,
Sans admirer en vous l'auteur de la nature,
Et d'une ardente amour sentir mon cœur atteint,
Au plus beau des portraits où lui-même il s'est
            [peint.
945 D'abord j'appréhendai que cette ardeur secrète
Ne fût du noir esprit une surprise adroite[1] ;
Et même à fuir vos yeux mon cœur se résolut,
Vous croyant un obstacle à faire mon salut.
Mais enfin je connus, ô beauté toute aimable,
950 Que cette passion peut n'être point coupable,
Que je puis l'ajuster avecque la pudeur,
Et c'est ce qui m'y fait abandonner mon cœur.
Ce m'est, je le confesse, une audace bien grande
Que d'oser de ce cœur vous adresser l'offrande ;
955 Mais j'attends en mes vœux tout de votre bonté,
Et rien des vains efforts de mon infirmité ;
En vous est mon espoir, mon bien, ma quiétude,
De vous dépend ma peine ou ma béatitude[2],
Et je vais être enfin, par votre seul arrêt,
960 Heureux, si vous voulez, malheureux, s'il vous plaît.

ELMIRE

La déclaration est tout à fait galante,
Mais elle est, à vrai dire, un peu bien surprenante,
Vous deviez, ce me semble, armer mieux votre sein,

Et raisonner un peu sur un pareil dessein.
965 Un dévot comme vous, et que partout on nomme…

TARTUFFE

Ah ! pour être dévot, je n'en suis pas moins homme[1] ;
Et lorsqu'on vient à voir vos célestes appas,
Un cœur se laisse prendre, et ne raisonne pas.
Je sais qu'un tel discours de moi paraît étrange ;
970 Mais, Madame, après tout, je ne suis pas un ange ;
Et si vous condamnez l'aveu que je vous fais,
Vous devez vous en prendre à vos charmants[2] attraits.
Dès que j'en vis briller la splendeur plus qu'humaine,
De mon intérieur[3] vous fûtes souveraine ;
975 De vos regards divins l'ineffable douceur
Força la résistance où s'obstinait mon cœur ;
Elle surmonta tout, jeûnes, prières, larmes,
Et tourna tous mes vœux du côté de vos charmes.
Mes yeux et mes soupirs vous l'ont dit mille fois,
980 Et pour mieux m'expliquer j'emploie ici la voix.
Que si vous contemplez d'une âme un peu bénigne[4]
Les tribulations[5] de votre esclave indigne,
S'il faut que vos bontés veuillent me consoler
Et jusqu'à mon néant daignent se ravaler,
985 J'aurai toujours pour vous, ô suave merveille,
Une dévotion à nulle autre pareille.
Votre honneur avec moi ne court point de hasard,
Et n'a nulle disgrâce à craindre de ma part.
Tous ces galants de cour, dont les femmes sont folles,
990 Sont bruyants dans leurs faits et vains[6] dans leurs
                                        [paroles,
De leurs progrès sans cesse on les voit se targuer ;
Ils n'ont point de faveurs qu'ils n'aillent divulguer,
Et leur langue indiscrète, en qui l'on se confie,
Déshonore l'autel[7] où leur cœur sacrifie.
995 Mais les gens comme nous brûlent d'un feu discret,

Avec qui pour toujours on est sûr du secret :
Le soin que nous prenons de notre renommée
Répond de toute chose à la personne aimée,
Et c'est en nous qu'on trouve, acceptant notre
[cœur,
1000   De l'amour sans scandale et du plaisir sans peur.

ELMIRE

Je vous écoute dire, et votre rhétorique
En termes assez forts à mon âme s'explique.
N'appréhendez-vous point que je ne sois d'humeur
À dire à mon mari cette galante ardeur,
1005   Et que le prompt avis d'un amour de la sorte
Ne pût bien altérer l'amitié qu'il vous porte ?

TARTUFFE

Je sais que vous avez trop de bénignité,
Et que vous ferez grâce à ma témérité,
Que vous m'excuserez sur l'humaine faiblesse
1010   Des violents transports d'un amour qui vous blesse,
Et considérerez, en regardant votre air,
Que l'on n'est pas aveugle, et qu'un homme est de
[chair.

ELMIRE

D'autres prendraient cela d'autre façon peut-être ;
Mais ma discrétion se veut faire paraître.
1015   Je ne redirai point l'affaire à mon époux ;
Mais je veux en revanche une chose de vous :
C'est de presser tout franc et sans nulle chicane
L'union de Valère avecque Mariane,
De renoncer vous-même à l'injuste pouvoir
1020   Qui veut du bien d'un autre enrichir votre espoir,
Et...

SCÈNE IV

DAMIS, ELMIRE, TARTUFFE

DAMIS, *sortant du petit cabinet où il s'était retiré.*

Non, Madame, non : ceci doit se répandre.
J'étais en cet endroit, d'où j'ai pu tout entendre ;
Et la bonté du Ciel m'y semble avoir conduit
Pour confondre l'orgueil d'un traître qui me nuit,
1025 Pour m'ouvrir une voie à prendre la vengeance
De son hypocrisie et de son insolence,
À détromper mon père, et lui mettre en plein jour
L'âme d'un scélérat qui vous parle d'amour.

ELMIRE

Non, Damis : il suffit qu'il se rende plus sage,
1030 Et tâche à mériter la grâce où je m'engage.
Puisque je l'ai promis, ne m'en dédites pas.
Ce n'est point mon humeur de faire des éclats :
Une femme se rit de sottises pareilles,
Et jamais d'un mari n'en trouble les oreilles.

DAMIS

1035 Vous avez vos raisons pour en user ainsi,
Et pour faire autrement j'ai les miennes aussi.
Le vouloir épargner est une raillerie ;
Et l'insolent orgueil de sa cagoterie
N'a triomphé que trop de mon juste courroux,
1040 Et que trop excité de désordre chez nous.
Le fourbe trop longtemps a gouverné[1] mon père,
Et desservi mes feux avec ceux de Valère.
Il faut que du perfide il soit désabusé,
Et le Ciel pour cela m'offre un moyen aisé.
1045 De cette occasion je lui suis redevable,

Et pour la négliger, elle est trop favorable :
Ce serait mériter qu'il me la vînt ravir
Que de l'avoir en main et ne m'en pas servir.

ELMIRE

Damis…

DAMIS

Non, s'il vous plaît, il faut que je me croie.
1050 Mon âme est maintenant au comble de sa joie ;
Et vos discours en vain prétendent m'obliger
À quitter le plaisir de me pouvoir venger.
Sans aller plus avant, je vais vuider[1] d'affaire ;
Et voici justement de quoi me satisfaire.

SCÈNE V

ORGON, DAMIS, TARTUFFE, ELMIRE

DAMIS

1055 Nous allons régaler[2], mon père, votre abord
D'un incident tout frais qui vous surprendra fort.
Vous êtes bien payé de toutes vos caresses[3],
Et monsieur d'un beau prix reconnaît vos tendresses.
Son grand zèle pour vous vient de se déclarer :
1060 Il ne va pas à moins qu'à vous déshonorer ;
Et je l'ai surpris là qui faisait à Madame
L'injurieux aveu d'une coupable flamme.
Elle est d'une humeur douce, et son cœur trop discret
Voulait à toute force en garder le secret ;
1065 Mais je ne puis flatter une telle impudence.
Et crois que vous la taire est vous faire une offense.

ELMIRE

Oui, je tiens que jamais de tous ces vains propos

On ne doit d'un mari traverser[1] le repos,
Que ce n'est point de là que l'honneur peut dé-
[pendre,
1070 Et qu'il suffit pour nous de savoir nous défendre :
Ce sont mes sentiments ; et vous n'auriez rien dit,
Damis, si j'avais eu sur vous quelque crédit.

SCÈNE VI

ORGON, DAMIS, TARTUFFE

ORGON

Ce que je viens d'entendre, ô Ciel ! est-il croyable ?

TARTUFFE

Oui, mon frère, je suis un méchant, un coupable,
1075 Un malheureux pécheur, tout plein d'iniquité[2],
Le plus grand scélérat qui jamais ait été ;
Chaque instant de ma vie est chargé de souil-
[lures[3] ;
Elle n'est qu'un amas de crimes et d'ordures[4] ;
Et je vois que le Ciel, pour ma punition,
1080 Me veut mortifier[5] en cette occasion.
De quelque grand forfait qu'on me puisse reprendre
Je n'ai garde d'avoir l'orgueil de m'en défendre.
Croyez ce qu'on vous dit, armez votre courroux,
Et comme un criminel chassez-moi de chez vous :
1085 Je ne saurais avoir tant de honte en partage,
Que je n'en aie encor mérité davantage.

ORGON, *à son fils.*

Ah ! traître, oses-tu bien par cette fausseté
Vouloir de sa vertu ternir la pureté ?

DAMIS

Quoi ? la feinte douceur de cette âme hypocrite
1090 Vous fera démentir… ?

ORGON

Tais-toi, peste maudite.

TARTUFFE

Ah ! laissez-le parler : vous l'accusez à tort,
Et vous ferez bien mieux de croire à son rapport.
Pourquoi sur un tel fait m'être si favorable ?
Savez-vous, après tout, de quoi je suis capable ?
1095 Vous fiez-vous, mon frère, à mon extérieur ?
Et, pour tout ce qu'on voit, me croyez-vous meilleur ?
Non, non : vous vous laissez tromper à l'apparence,
Et je ne suis rien moins, hélas ! que ce qu'on pense ;
Tout le monde me prend pour un homme de bien ;
1100 Mais la vérité pure est que je ne vaux rien.

S'adressant à Damis.

Oui, mon cher fils, parlez ; traitez-moi de perfide,
D'infâme, de perdu, de voleur, d'homicide ;
Accablez-moi de noms encor plus détestés :
Je n'y contredis point, je les ai mérités ;
1105 Et j'en veux à genoux souffrir l'ignominie,
Comme une honte due aux crimes de ma vie.

ORGON, *à Tartuffe.*

Mon frère, c'en est trop.

À son fils.

Ton cœur ne se rend point,
Traître ?

DAMIS

Quoi ? ses discours vous séduiront au point…

ORGON

Tais-toi, pendard.

> *À Tartuffe.*

Mon frère, eh ! levez-vous, de grâce !

> *À son fils.*

1110 Infâme !

DAMIS

Il peut…

ORGON

Tais-toi.

DAMIS

J'enrage ! Quoi ? je passe…

ORGON

Si tu dis un seul mot, je te romprai les bras.

TARTUFFE

Mon frère, au nom de Dieu, ne vous emportez pas.
J'aimerais mieux souffrir la peine la plus dure,
Qu'il eût reçu pour moi la moindre égratignure.

ORGON, *à son fils.*

1115 Ingrat !

TARTUFFE

Laissez-le[1] en paix. S'il faut, à deux genoux,
Vous demander sa grâce…

ORGON, *à Tartuffe.*

Hélas ! vous moquez-vous ?

À son fils.

Coquin ! vois sa bonté.

DAMIS

Donc…

ORGON

Paix !

DAMIS

Quoi ? je…

ORGON

Paix ! dis-je.

Je sais bien quel motif à l'attaquer t'oblige :
Vous le haïssez tous ; et je vois aujourd'hui
1120 Femme, enfants et valets déchaînés contre lui ;
On met impudemment toute chose en usage,
Pour ôter de chez moi ce dévot personnage.
Mais plus on fait d'effort afin de l'en bannir,
Plus j'en veux employer à l'y mieux retenir ;
1125 Et je vais me hâter de lui donner ma fille,
Pour confondre[1] l'orgueil de toute ma famille…

DAMIS

À recevoir sa main on pense l'obliger ?

ORGON

Oui, traître, et dès ce soir, pour vous faire enrager.
Ah ! je vous brave tous, et vous ferai connaître
1130 Qu'il faut qu'on m'obéisse et que je suis le maître.
Allons, qu'on se rétracte, et qu'à l'instant, fripon,
On se jette à ses pieds pour demander pardon.

DAMIS

Qui, moi ? de ce coquin, qui, par ses impostures…

ORGON

Ah ! tu résistes, gueux, et lui dis des injures ?
1135 Un bâton ! un bâton !

À Tartuffe.

Ne me retenez pas.

À son fils.

Sus, que de ma maison on sorte de ce pas,
Et que d'y revenir on n'ait jamais l'audace.

DAMIS

Oui, je sortirai ; mais…

ORGON

Vite, quittons la place.
Je te prive, pendard, de ma succession,
1140 Et te donne de plus ma malédiction.

SCÈNE VII

ORGON, TARTUFFE

ORGON

Offenser de la sorte une sainte personne !

TARTUFFE

Ô Ciel ! pardonne-lui la douleur qu'il me donne[1] !

À Orgon.

Si vous pouviez savoir avec quel déplaisir
Je vois qu'envers mon frère on tâche à me noircir…

ORGON

1145 Hélas !

TARTUFFE

Le seul penser de cette ingratitude
Fait souffrir à mon âme un supplice si rude…
L'horreur que j'en conçois… J'ai le cœur si serré,
Que je ne puis parler, et crois que j'en mourrai.

ORGON. *Il court tout en larmes à la porte*
par où il a chassé son fils.

Coquin ! je me repens que ma main t'ait fait grâce,
1150 Et ne t'ait pas d'abord assommé sur la place.
Remettez-vous, mon frère, et ne vous fâchez pas.

TARTUFFE

Rompons, rompons le cours de ces fâcheux débats.
Je regarde céans quels grands troubles j'apporte,
Et crois qu'il est besoin, mon frère, que j'en sorte.

ORGON

1155 Comment ? vous moquez-vous ?

TARTUFFE

On m'y hait, et je vois
Qu'on cherche à vous donner des soupçons de ma
[foi[1].

ORGON

Qu'importe ? Voyez-vous que mon cœur les écoute ?

TARTUFFE

On ne manquera pas de poursuivre, sans doute ;
Et ces mêmes rapports qu'ici vous rejetez
1160 Peut-être une autre fois seront-ils écoutés.

ORGON

Non, mon frère, jamais.

TARTUFFE

Ah ! mon frère, une femme
Aisément d'un mari peut bien surprendre l'âme.

ORGON

Non, non.

TARTUFFE

Laissez-moi vite, en m'éloignant d'ici,
Leur ôter tout sujet de m'attaquer ainsi.

ORGON

1165 Non, vous demeurerez : il y va de ma vie.

TARTUFFE

Hé bien ! il faudra donc que je me mortifie.
Pourtant, si vous vouliez…

ORGON

Ah !

TARTUFFE

Soit : n'en parlons plus.
Mais je sais comme il faut en user là-dessus.
L'honneur est délicat, et l'amitié m'engage
1170 À prévenir les bruits et les sujets d'ombrage.
Je fuirai votre épouse, et vous ne me verrez…

ORGON

Non, en dépit de tous, vous la fréquenterez.
Faire enrager le monde est ma plus grande joie,
Et je veux qu'à toute heure avec elle on vous voie.
1175 Ce n'est pas tout encor : pour les mieux braver tous,
Je ne veux point avoir d'autre héritier que vous,
Et je vais de ce pas, en fort bonne manière,

Vous faire de mon bien donation entière.
Un bon et franc ami, que pour gendre je prends,
1180 M'est bien plus cher que fils, que femme, et que
                                        [parents.
N'accepterez-vous pas ce que je vous propose ?

TARTUFFE

La volonté du Ciel soit faite en toute chose.

ORGON

Le pauvre homme ! Allons vite en dresser un écrit,
Et que puisse l'envie en crever de dépit !

ACTE IV

SCÈNE PREMIÈRE

CLÉANTE, TARTUFFE

CLÉANTE

1185 Oui, tout le monde en parle, et vous m'en pouvez
[croire,
L'éclat¹ que fait ce bruit n'est point à votre gloire ;
Et je vous ai trouvé, Monsieur, fort à propos,
Pour vous en dire net ma pensée en deux mots.
Je n'examine point à fond ce qu'on expose ;
1190 Je passe là-dessus, et prends au pis la chose.
Supposons que Damis n'en ait pas bien usé,
Et que ce soit à tort qu'on vous ait accusé :
N'est-il pas d'un chrétien de pardonner l'offense,
Et d'éteindre en son cœur tout désir de vengeance ?
1195 Et devez-vous souffrir, pour votre démêlé,
Que du logis d'un père un fils soit exilé ?
Je vous le dis encore, et parle avec franchise,
Il n'est petit ni grand qui ne s'en scandalise ;
Et si vous m'en croyez, vous pacifierez tout,
1200 Et ne pousserez point les affaires à bout.
Sacrifiez à Dieu toute votre colère,
Et remettez le fils en grâce avec le père.

TARTUFFE

Hélas ! je le voudrais, quant à moi, de bon cœur :
Je ne garde pour lui, Monsieur, aucune aigreur ;
1205 Je lui pardonne tout, de rien je ne le blâme,
Et voudrais le servir du meilleur de mon âme ;
Mais l'intérêt du Ciel n'y saurait consentir,
Et s'il rentre céans, c'est à moi d'en sortir.
Après son action, qui n'eut jamais d'égale,
1210 Le commerce entre nous porterait du scandale :
Dieu sait ce que d'abord tout le monde en croirait !
À pure politique on me l'imputerait ;
Et l'on dirait partout que, me sentant coupable,
Je feins pour qui m'accuse un zèle charitable,
1215 Que mon cœur l'appréhende et veut le ménager,
Pour le pouvoir sous main au silence engager.

CLÉANTE

Vous nous payez ici d'excuses colorées[1].
Et toutes vos raisons, Monsieur, sont trop tirées[2].
Des intérêts du Ciel pourquoi vous chargez-vous ?
1220 Pour punir le coupable a-t-il besoin de nous ?
Laissez-lui, laissez-lui le soin de ses vengeances ;
Ne songez qu'au pardon qu'il prescrit des offenses ;
Et ne regardez point aux jugements humains,
Quand vous suivez du Ciel les ordres souverains.
1225 Quoi ? le faible intérêt de ce qu'on pourra croire
D'une bonne action empêchera la gloire ?
Non, non : faisons toujours ce que le Ciel prescrit,
Et d'aucun autre soin ne nous brouillons l'esprit.

TARTUFFE

Je vous ai déjà dit que mon cœur lui pardonne,
1230 Et c'est faire, Monsieur, ce que le Ciel ordonne ;
Mais après le scandale et l'affront d'aujourd'hui,
Le Ciel n'ordonne pas que je vive avec lui.

CLÉANTE

Et vous ordonne-t-il, Monsieur, d'ouvrir l'oreille
À ce qu'un pur caprice à son père conseille,
1235 Et d'accepter le don qui vous est fait d'un bien
Où le droit vous oblige à ne prétendre rien ?

TARTUFFE

Ceux qui me connaîtront n'auront pas la pensée
Que ce soit un effet d'une âme intéressée.
Tous les biens de ce monde ont pour moi peu
                                [d'appas,
1240 De leur éclat trompeur je ne m'éblouis pas ;
Et si je me résous à recevoir du père
Cette donation qu'il a voulu me faire,
Ce n'est, à dire vrai, que parce que je crains
Que tout ce bien ne tombe en de méchantes mains,
1245 Qu'il ne trouve des gens qui, l'ayant en partage,
En fassent dans le monde un criminel usage,
Et ne s'en servent pas, ainsi que j'ai dessein,
Pour la gloire du Ciel et le bien du prochain.

CLÉANTE

Hé, Monsieur, n'ayez point ces délicates[1] craintes,
1250 Qui d'un juste héritier peuvent causer les plaintes ;
Souffrez, sans vous vouloir embarrasser de rien,
Qu'il soit à ses périls possesseur de son bien ;
Et songez qu'il vaut mieux encor qu'il en mésuse,
Que si de l'en frustrer il faut qu'on vous accuse.
1255 J'admire seulement que sans confusion
Vous en ayez souffert la proposition ;
Car enfin le vrai zèle a-t-il quelque maxime
Qui montre à dépouiller l'héritier légitime ?
Et s'il faut que le Ciel dans votre cœur ait mis
1260 Un invincible obstacle à vivre avec Damis,
Ne vaudrait-il pas mieux qu'en personne discrète

Vous fissiez de céans une honnête retraite,
Que de souffrir ainsi, contre toute raison,
Qu'on en chasse pour vous le fils de la maison ?
1265 Croyez-moi, c'est donner de votre prud'homie[1],
Monsieur…

TARTUFFE

Il est, Monsieur, trois heures et demie[2] :
Certain devoir pieux me demande là-haut,
Et vous m'excuserez de vous quitter sitôt.

CLÉANTE

Ah !

SCÈNE II

ELMIRE, MARIANE, DORINE, CLÉANTE

DORINE

De grâce, avec nous employez-vous pour elle,
1270 Monsieur : son âme souffre une douleur mortelle ;
Et l'accord que son père a conclu pour ce soir
La fait, à tous moments, entrer en désespoir.
Il va venir. Joignons nos efforts, je vous prie,
Et tâchons d'ébranler, de force ou d'industrie[3],
1275 Ce malheureux dessein qui nous a tous troublés.

SCÈNE III

ORGON, ELMIRE, MARIANE, CLÉANTE, DORINE

ORGON

Ha ! je me réjouis de vous voir assemblés :

À Mariane.

Je porte en ce contrat de quoi vous faire rire,
Et vous savez déjà ce que cela veut dire.

MARIANE, *à genoux.*

Mon père, au nom du Ciel, qui connaît ma douleur,
1280 Et par tout ce qui peut émouvoir votre cœur,
Relâchez-vous un peu des droits de la naissance,
Et dispensez mes vœux de cette obéissance ;
Ne me réduisez point par cette dure loi
Jusqu'à me plaindre au Ciel de ce que je vous doi,
1285 Et cette vie, hélas ! que vous m'avez donnée,
Ne me la rendez pas, mon père, infortunée.
Si, contre un doux espoir que j'avais pu former,
Vous me défendez d'être à ce que j'ose aimer,
Au moins, par vos bontés, qu'à vos genoux j'implore,
1290 Sauvez-moi du tourment d'être à ce que j'abhorre,
Et ne me portez point à quelque désespoir,
En vous servant sur moi de tout votre pouvoir.

ORGON, *se sentant attendrir.*

Allons, ferme, mon cœur, point de faiblesse humaine.

MARIANE

Vos tendresses pour lui ne me font point de peine ;
1295 Faites-les éclater, donnez-lui votre bien,
Et, si ce n'est assez, joignez-y tout le mien :
J'y consens de bon cœur, et je vous l'abandonne ;
Mais au moins n'allez pas jusques à ma personne,
Et souffrez qu'un couvent dans les austérités
1300 Use les tristes jours que le Ciel m'a comptés.

ORGON

Ah ! voilà justement de mes religieuses,
Lorsqu'un père combat leurs flammes amoureuses !

Debout ! Plus votre cœur répugne à l'accepter,
Plus ce sera pour vous matière à mériter :
1305 Mortifiez vos sens avec ce mariage,
Et ne me rompez pas la tête davantage.

DORINE

Mais quoi… ?

ORGON

Taisez-vous, vous ; parlez à votre écot[1] :
Je vous défends tout net d'oser dire un seul mot.

CLÉANTE

Si par quelque conseil vous souffrez qu'on réponde…

ORGON

1310 Mon frère, vos conseils sont les meilleurs du monde,
Ils sont bien raisonnés, et j'en fais un grand cas ;
Mais vous trouverez bon que je n'en use pas.

ELMIRE, *à son mari.*

À voir ce que je vois, je ne sais plus que dire,
Et votre aveuglement fait que je vous admire[2] :
1315 C'est être bien coiffé[3], bien prévenu[4], de lui,
Que de nous démentir sur le fait d'aujourd'hui.

ORGON

Je suis votre valet, et crois les apparences :
Pour mon fripon de fils je sais vos complaisances
Et vous avez eu peur de le désavouer
1320 Du trait qu'à ce pauvre homme il a voulu jouer ;
Vous étiez trop tranquille enfin pour être crue,
Et vous auriez paru d'autre manière émue.

ELMIRE

Est-ce qu'au simple aveu d'un amoureux transport

Il faut que notre honneur se gendarme si fort ?
1325 Et ne peut-on répondre à tout ce qui le touche
Que le feu dans les yeux et l'injure à la bouche ?
Pour moi, de tels propos je me ris simplement,
Et l'éclat là-dessus ne me plaît nullement ;
J'aime qu'avec douceur nous nous montrions
[sages,
1330 Et ne suis point du tout pour ces prudes sauvages
Dont l'honneur est armé de griffes et de dents,
Et veut au moindre mot dévisager[1] les gens :
Me préserve le Ciel d'une telle sagesse !
Je veux une vertu qui ne soit point diablesse,
1335 Et crois que d'un refus la discrète froideur
N'en est pas moins puissante à rebuter un cœur.

ORGON

Enfin je sais l'affaire et ne prends point le change[2].

ELMIRE

J'admire, encore un coup, cette faiblesse étrange,
Mais que me répondrait votre incrédulité
1340 Si je vous faisais voir qu'on vous dit vérité ?

ORGON

Voir ?

ELMIRE

Oui.

ORGON

Chansons.

ELMIRE

Mais quoi ? si je trouvais manière
De vous le faire voir avec pleine lumière ?

ORGON

Contes en l'air.

ELMIRE

      Quel homme ! Au moins répondez-moi.
Je ne vous parle pas de nous ajouter foi ;
1345 Mais supposons ici que, d'un lieu qu'on peut prendre,
On vous fît clairement tout voir et tout entendre,
Que diriez-vous alors de votre homme de bien ?

ORGON

En ce cas, je dirais que… Je ne dirais rien,
Car cela ne se peut.

ELMIRE

      L'erreur trop longtemps dure,
1350 Et c'est trop condamner ma bouche d'imposture.
Il faut que par plaisir, et sans aller plus loin,
De tout ce qu'on vous dit je vous fasse témoin.

ORGON

Soit : je vous prends au mot. Nous verrons votre
                          [adresse,
Et comment vous pourrez remplir cette promesse.

ELMIRE

1355 Faites-le-moi venir.

DORINE

      Son esprit est rusé,
Et peut-être à surprendre il sera malaisé.

ELMIRE

Non : on est aisément dupé par ce qu'on aime.

Et l'amour-propre engage à se tromper soi-même.
Faites-le-moi descendre.

Parlant à Cléante et à Mariane.

Et vous, retirez-vous.

SCÈNE IV

ELMIRE, ORGON

ELMIRE

1360　Approchons cette table, et vous mettez dessous.

ORGON

Comment ?

ELMIRE

Vous bien cacher est un point nécessaire.

ORGON

Pourquoi sous cette table ?

ELMIRE

Ah, mon Dieu ! laissez faire :
J'ai mon dessein en tête, et vous en jugerez.
Mettez-vous là, vous dis-je ; et quand vous y serez,
1365　Gardez qu'on ne vous voie et qu'on ne vous entende.

ORGON

Je confesse qu'ici ma complaisance est grande ;
Mais de votre entreprise il vous faut voir sortir.

ELMIRE

Vous n'aurez, que je crois, rien à me repartir.

À son mari, qui est sous la table.

Au moins, je vais toucher une étrange matière :
1370 Ne vous scandalisez en aucune manière.
Quoi que je puisse dire, il doit m'être permis,
Et c'est pour vous convaincre, ainsi que j'ai promis.
Je vais par des douceurs, puisque j'y suis réduite,
Faire poser le masque à cette âme hypocrite,
1375 Flatter de son amour les désirs effrontés,
Et donner un champ libre à ses témérités.
Comme c'est pour vous seul, et pour mieux le
                                        [confondre,
Que mon âme à ses vœux va feindre de répondre,
J'aurai lieu de cesser dès que vous vous rendrez,
1380 Et les choses n'iront que jusqu'où vous voudrez.
C'est à vous d'arrêter son ardeur insensée,
Quand vous croirez l'affaire assez avant poussée,
D'épargner votre femme, et de ne m'exposer
Qu'à ce qu'il vous faudra pour vous désabuser :
1385 Ce sont vos intérêts ; vous en serez le maître,
Et... L'on vient. Tenez-vous, et gardez de paraître.

SCÈNE V

TARTUFFE, ELMIRE, ORGON

TARTUFFE

On m'a dit qu'en ce lieu vous me vouliez parler.

ELMIRE

Oui. L'on a des secrets à vous y révéler.
Mais tirez cette porte avant qu'on vous les dise,
1390 Et regardez partout, de crainte de surprise.
Une affaire pareille à celle de tantôt

N'est pas assurément ici ce qu'il nous faut.
Jamais il ne s'est vu de surprise de même[1] ;
Damis m'a fait pour vous une frayeur extrême,
1395   Et vous avez bien vu que j'ai fait mes efforts
Pour rompre son dessein et calmer ses transports.
Mon trouble, il est bien vrai, m'a si fort possédée,
Que de le démentir je n'ai point eu l'idée ;
Mais par là, grâce au Ciel, tout a bien mieux été,
1400   Et les choses en sont dans plus de sûreté.
L'estime où l'on vous tient a dissipé l'orage,
Et mon mari de vous ne peut prendre d'ombrage.
Pour mieux braver l'éclat des mauvais jugements,
Il veut que nous soyons ensemble à tous moments ;
1405   Et c'est par où je puis, sans peur d'être blâmée,
Me trouver ici seule avec vous enfermée,
Et ce qui m'autorise à vous ouvrir un cœur
Un peu trop prompt peut-être à souffrir votre ardeur.

TARTUFFE

Ce langage à comprendre est assez difficile,
1410   Madame, et vous parliez tantôt d'un autre style.

ELMIRE

Ah ! si d'un tel refus vous êtes en courroux,
Que le cœur d'une femme est mal connu de vous !
Et que vous savez peu ce qu'il veut faire entendre
Lorsque si faiblement on le voit se défendre !
1415   Toujours notre pudeur combat dans ces moments
Ce qu'on peut nous donner de tendres sentiments.
Quelque raison qu'on trouve à l'amour qui nous
[dompte,
On trouve à l'avouer toujours un peu de honte ;
On s'en défend d'abord ; mais de l'air qu'on s'y
[prend
1420   On fait connaître assez que notre cœur se rend,

Qu'à nos vœux par honneur notre bouche s'oppose,
Et que de tels refus promettent toute chose.
C'est vous faire sans doute un assez libre aveu,
Et sur notre pudeur me ménager bien peu ;
1425 Mais puisque la parole enfin en est lâchée,
À retenir Damis me serais-je attachée,
Aurais-je, je vous prie, avec tant de douceur
Écouté tout au long l'offre de votre cœur,
Aurais-je pris la chose ainsi qu'on m'a vu faire,
1430 Si l'offre de ce cœur n'eût eu de quoi me plaire ?
Et lorsque j'ai voulu moi-même vous forcer
À refuser l'hymen qu'on venait d'annoncer,
Qu'est-ce que cette instance a dû vous faire entendre,
Que l'intérêt qu'en vous on s'avise de prendre,
1435 Et l'ennui[1] qu'on aurait que ce nœud qu'on résout
Vînt partager du moins un cœur que l'on veut tout ?

TARTUFFE

C'est sans doute, Madame, une douceur extrême
Que d'entendre ces mots d'une bouche qu'on aime :
Leur miel dans tous mes sens fait couler à longs
                                              [traits
1440 Une suavité[2] qu'on ne goûta jamais.
Le bonheur de vous plaire est ma suprême étude,
Et mon cœur de vos vœux fait sa béatitude ;
Mais ce cœur vous demande ici la liberté
D'oser douter un peu de sa félicité.
1445 Je puis croire ces mots un artifice honnête
Pour m'obliger à rompre un hymen qui s'apprête ;
Et s'il faut librement m'expliquer avec vous,
Je ne me fierai point à des propos si doux,
Qu'un peu de vos faveurs, après quoi je soupire,
1450 Ne vienne m'assurer tout ce qu'ils m'ont pu dire,
Et planter dans mon âme une constante foi
Des charmantes bontés que vous avez pour moi.

ELMIRE. *Elle tousse pour avertir son mari.*

Quoi ? vous voulez aller avec cette vitesse,
Et d'un cœur tout d'abord épuiser la tendresse ?
1455 On se tue à vous faire un aveu des plus doux ;
Cependant ce n'est pas encore assez pour vous,
Et l'on ne peut aller jusqu'à vous satisfaire,
Qu'aux dernières faveurs on ne pousse l'affaire ?

TARTUFFE

Moins on mérite un bien, moins on l'ose espérer.
1460 Nos vœux sur des discours ont peine à s'assurer.
On soupçonne aisément un sort tout plein de gloire,
Et l'on veut en jouir avant que de le croire.
Pour moi, qui crois si peu mériter vos bontés,
Je doute du bonheur de mes témérités[1] ;
1465 Et je ne croirai rien, que vous n'ayez, Madame,
Par des réalités su convaincre ma flamme.

ELMIRE

Mon Dieu, que votre amour en vrai tyran agit,
Et qu'en un trouble étrange il me jette l'esprit !
Que sur les cœurs il prend un furieux empire.
1470 Et qu'avec violence il veut ce qu'il désire !
Quoi ? de votre poursuite on ne peut se parer,
Et vous ne donnez pas le temps de respirer ?
Sied-il bien de tenir une rigueur si grande,
De vouloir sans quartier les choses qu'on demande,
1475 Et d'abuser ainsi par vos efforts pressants
Du faible que pour vous vous voyez qu'ont les
[gens ?

TARTUFFE

Mais si d'un œil bénin[2] vous voyez mes hommages,
Pourquoi m'en refuser d'assurés témoignages ?

ELMIRE

Mais comment consentir à ce que vous voulez,
1480 Sans offenser le Ciel, dont toujours vous parlez ?

TARTUFFE

Si ce n'est que le Ciel qu'à mes vœux on oppose,
Lever un tel obstacle est à moi peu de chose,
Et cela ne doit pas retenir votre cœur.

ELMIRE

Mais des arrêts du Ciel on nous fait tant de peur !

TARTUFFE

1485 Je puis vous dissiper ces craintes ridicules,
Madame, et je sais l'art de lever les scrupules.
Le Ciel défend, de vrai, certains contentements ;

(C'est un scélérat qui parle.)

Mais on trouve avec lui des accommodements ;
Selon divers besoins, il est une science
1490 D'étendre les liens de notre conscience
Et de rectifier le mal de l'action
Avec la pureté de notre intention[1].
De ces secrets, Madame, on saura vous instruire ;
Vous n'avez seulement qu'à vous laisser conduire[2].
1495 Contentez mon désir, et n'ayez point d'effroi :
Je vous réponds de tout, et prends le mal sur moi.
Vous toussez fort, Madame.

ELMIRE

                              Oui, je suis au supplice.

TARTUFFE

Vous plaît-il un morceau de ce jus de réglisse[3] ?

ELMIRE

C'est un rhume obstiné, sans doute ; et je vois bien
1500 Que tous les jus du monde ici ne feront rien.

TARTUFFE

Cela certes est fâcheux.

ELMIRE

Oui, plus qu'on ne peut dire.

TARTUFFE

Enfin votre scrupule est facile à détruire :
Vous êtes assurée ici d'un plein secret,
Et le mal n'est jamais que dans l'éclat qu'on fait ;
1505 Le scandale du monde est ce qui fait l'offense,
Et ce n'est pas pécher que pécher en silence[1].

ELMIRE, *après avoir encore toussé.*

Enfin je vois qu'il faut se résoudre à céder,
Qu'il faut que je consente à vous tout accorder,
Et qu'à moins de cela je ne dois point prétendre
1510 Qu'on puisse être content, et qu'on veuille se rendre.
Sans doute il est fâcheux d'en venir jusque-là,
Et c'est bien malgré moi que je franchis cela ;
Mais puisque l'on s'obstine à m'y vouloir réduire,
Puisqu'on ne veut point croire à tout ce qu'on peut
[dire,
1515 Et qu'on veut des témoins[2] qui soient plus convain-
[cants,
Il faut bien s'y résoudre, et contenter les gens.
Si ce consentement porte en soi quelque offense,
Tant pis pour qui me force à cette violence ;
La faute assurément n'en doit pas être à moi.

TARTUFFE

1520 Oui, Madame, on s'en charge, et la chose de soi…

ELMIRE

Ouvrez un peu la porte, et voyez, je vous prie,
Si mon mari n'est point dans cette galerie.

TARTUFFE

Qu'est-il besoin pour lui du soin que vous prenez ?
C'est un homme, entre nous, à mener par le nez ;
1525 De tous nos entretiens il est pour faire gloire[1],
Et je l'ai mis au point de[2] voir tout sans rien croire.

ELMIRE

Il n'importe : sortez, je vous prie, un moment,
Et partout là dehors voyez exactement.

SCÈNE VI

ORGON, ELMIRE

ORGON, *sortant de dessous la table.*

Voilà, je vous l'avoue, un abominable homme !
1530 Je n'en puis revenir, et tout ceci m'assomme[3].

ELMIRE

Quoi ? vous sortez sitôt ? vous vous moquez des gens.
Rentrez sous le tapis, il n'est pas encor temps ;
Attendez jusqu'au bout pour voir les choses sûres,
Et ne vous fiez point aux simples conjectures.

ORGON

1535 Non, rien de plus méchant n'est sorti de l'enfer.

ELMIRE

Mon Dieu ! l'on ne doit point croire trop de léger[4].

Laissez-vous bien convaincre avant que de vous
[rendre,
Et ne vous hâtez point, de peur de vous méprendre.

Elle fait mettre son mari derrière elle.

SCÈNE VII

TARTUFFE, ELMIRE, ORGON

TARTUFFE

Tout conspire, Madame, à mon contentement :
1540 J'ai visité de l'œil tout cet appartement ;
Personne ne s'y trouve ; et mon âme ravie...

ORGON, *en l'arrêtant.*

Tout doux ! vous suivez trop votre amoureuse
[envie,
Et vous ne devez pas vous tant passionner.
Ah ! ah ! l'homme de bien, vous m'en voulez
[donner[1] !
1545 Comme aux tentations s'abandonne votre âme !
Vous épousiez ma fille, et convoitiez ma femme !
J'ai douté fort longtemps que ce fût tout de bon,
Et je croyais toujours qu'on changerait de ton ;
Mais c'est assez avant pousser le témoignage :
1550 Je m'y tiens, et n'en veux, pour moi, pas davantage.

ELMIRE, *à Tartuffe.*

C'est contre mon humeur que j'ai fait tout ceci ;
Mais on m'a mise au point de vous traiter ainsi.

TARTUFFE

Quoi ? vous croyez ?...

ORGON

Allons, point de bruit, je vous prie.
Dénichons de céans, et sans cérémonie.

TARTUFFE

1555 Mon dessein…

ORGON

Ces discours ne sont plus de saison :
Il faut, tout sur-le-champ, sortir de la maison.

TARTUFFE

C'est à vous d'en sortir, vous qui parlez en maître :
La maison m'appartient, je le ferai connaître,
Et vous montrerai bien qu'en vain on a recours,
1560 Pour me chercher querelle, à ces lâches détours,
Qu'on n'est pas où l'on pense en me faisant injure,
Que j'ai de quoi confondre et punir l'imposture,
Venger le Ciel qu'on blesse, et faire repentir
Ceux qui parlent ici de me faire sortir.

SCÈNE VIII

ELMIRE, ORGON

ELMIRE

1565 Quel est donc ce langage ? et qu'est-ce qu'il veut
[dire ?

ORGON

Ma foi, je suis confus, et n'ai pas lieu de rire.

ELMIRE

Comment ?

ORGON

Je vois ma faute aux choses qu'il me dit,
Et la donation m'embarrasse l'esprit.

ELMIRE

La donation…

ORGON

Oui, c'est une affaire faite.
1570 Mais j'ai quelque autre chose encor qui m'inquiète.

ELMIRE

Et quoi ?

ORGON

Vous saurez tout. Mais voyons au plus tôt
Si certaine cassette est encore là-haut.

ACTE V

SCÈNE PREMIÈRE

ORGON, CLÉANTE

CLÉANTE

Où voulez-vous courir ?

ORGON

       Las ! que sais-je ?

CLÉANTE

             Il me semble
Que l'on doit commencer par consulter[1] ensemble
1575 Les choses qu'on peut faire en cet événement.

ORGON

Cette cassette-là me trouble entièrement ;
Plus que le reste encor elle me désespère.

CLÉANTE

Cette cassette est donc un important mystère ?

ORGON

C'est un dépôt qu'Argas, cet ami que je plains,

1580 Lui-même, en grand secret, m'a mis entre les mains :
Pour cela, dans sa fuite, il me voulut élire[1] ;
Et ce sont des papiers, à ce qu'il m'a pu dire,
Où sa vie et ses biens se trouvent attachés.

CLÉANTE

Pourquoi donc les avoir en d'autres mains lâchés ?

ORGON

1585 Ce fut par un motif de cas de conscience :
J'allai droit à mon traître en faire confidence ;
Et son raisonnement me vint persuader
De lui donner plutôt la cassette à garder,
Afin que, pour nier, en cas de quelque enquête,
1590 J'eusse d'un faux-fuyant la faveur toute prête,
Par où ma conscience eût pleine sûreté
À faire des serments contre la vérité[2].

CLÉANTE

Vous voilà mal, au moins si j'en crois l'apparence ;
Et la donation, et cette confidence,
1595 Sont, à vous en parler selon mon sentiment,
Des démarches par vous faites légèrement.
On peut vous mener loin avec de pareils gages ;
Et cet homme sur vous ayant ces avantages,
Le pousser[3] est encor grande imprudence à vous,
1600 Et vous deviez chercher quelque biais plus doux.

ORGON

Quoi ? sous un beau semblant de ferveur si touchante
Cacher un cœur si double, une âme si méchante !
Et moi qui l'ai reçu gueusant[4] et n'ayant rien…
C'en est fait, je renonce à tous les gens de bien :
1605 J'en aurai désormais une horreur effroyable,
Et m'en vais devenir pour eux pire qu'un diable.

CLÉANTE

Hé bien ! ne voilà pas de vos emportements !
Vous ne gardez en rien les doux tempéraments[1] ;
Dans la droite raison jamais n'entre la vôtre,
1610   Et toujours d'un excès vous vous jetez dans l'autre.
Vous voyez votre erreur, et vous avez connu
Que par un zèle feint vous étiez prévenu[2] ;
Mais pour vous corriger, quelle raison demande
Que vous alliez passer dans une erreur plus grande,
1615   Et qu'avecque le cœur d'un perfide vaurien
Vous confondiez les cœurs de tous les gens de bien ?
Quoi ? parce qu'un fripon vous dupe avec audace
Sous le pompeux éclat d'une austère grimace,
Vous voulez que partout on soit fait comme lui,
1620   Et qu'aucun vrai dévot ne se trouve aujourd'hui ?
Laissez aux libertins ces sottes conséquences ;
Démêlez la vertu d'avec ses apparences,
Ne hasardez jamais votre estime trop tôt,
Et soyez pour cela dans le milieu qu'il faut :
1625   Gardez-vous, s'il se peut, d'honorer l'imposture,
Mais au vrai zèle aussi n'allez pas faire injure ;
Et s'il vous faut tomber dans une extrémité,
Péchez plutôt encor de cet autre côté.

SCÈNE II

DAMIS, ORGON, CLÉANTE

DAMIS

Quoi ? mon père, est-il vrai qu'un coquin vous
                                        [menace ?
1630   Qu'il n'est point de bienfait qu'en son âme il n'efface,
Et que son lâche orgueil, trop digne de courroux,
Se fait de vos bontés des armes contre vous ?

ORGON

Oui, mon fils, et j'en sens des douleurs non pareilles.

DAMIS

Laissez-moi, je lui veux couper les deux oreilles :
1635 Contre son insolence on ne doit point gauchir[1],
C'est à moi, tout d'un coup, de vous en affranchir,
Et pour sortir d'affaire, il faut que je l'assomme.

CLÉANTE

Voilà tout justement parler en vrai jeune homme.
Modérez, s'il vous plaît, ces transports éclatants :
1640 Nous vivons sous un règne et sommes dans un temps
Où par la violence on fait mal ses affaires.

SCÈNE III

MADAME PERNELLE, MARIANE, ELMIRE,
DORINE, DAMIS, ORGON, CLÉANTE

MADAME PERNELLE

Qu'est-ce ? J'apprends ici de terribles mystères.

ORGON

Ce sont des nouveautés dont mes yeux sont témoins,
Et vous voyez le prix dont sont payés mes soins.
1645 Je recueille avec zèle un homme en sa misère,
Je le loge, et le tiens comme mon propre frère ;
De bienfaits chaque jour il est par moi chargé ;
Je lui donne ma fille et tout le bien que j'ai ;
Et, dans le même temps, le perfide, l'infâme,
1650 Tente le noir dessein de suborner ma femme,
Et non content encor de ces lâches essais,

Il m'ose menacer de mes propres bienfaits,
Et veut, à ma ruine, user des avantages
Dont le viennent d'armer mes bontés trop peu sages,
1655 Me chasser de mes biens, où je l'ai transféré,
Et me réduire au point d'où je l'ai retiré.

DORINE

Le pauvre homme !

MADAME PERNELLE

                    Mon fils, je ne puis du tout croire
Qu'il ait voulu commettre une action si noire.

ORGON

Comment ?

MADAME PERNELLE

              Les gens de bien sont enviés toujours.

ORGON

1660 Que voulez-vous donc dire avec votre discours,
Ma mère ?

MADAME PERNELLE

              Que chez vous on vit d'étrange sorte,
Et qu'on ne sait que trop la haine qu'on lui porte.

ORGON

Qu'a cette haine à faire avec ce qu'on vous dit ?

MADAME PERNELLE

Je vous l'ai dit cent fois quand vous étiez petit :
1665 La vertu dans le monde est toujours poursuivie ;
Les envieux mourront, mais non jamais l'envie.

ORGON

Mais que fait ce discours aux choses d'aujourd'hui ?

MADAME PERNELLE

On vous aura forgé cent sots contes de lui.

ORGON

Je vous ai dit déjà que j'ai vu tout moi-même.

MADAME PERNELLE

1670   Des esprits médisants la malice est extrême.

ORGON

Vous me feriez damner, ma mère. Je vous dis
Que j'ai vu de mes yeux un crime si hardi.

MADAME PERNELLE

Les langues ont toujours du venin à répandre,
Et rien n'est ici-bas qui s'en puisse défendre.

ORGON

1675   C'est tenir un propos de sens bien dépourvu.
Je l'ai vu, dis-je, vu, de mes propres yeux vu,
Ce qu'on appelle vu : faut-il vous le rebattre
Aux oreilles cent fois, et crier comme quatre ?

MADAME PERNELLE

Mon Dieu, le plus souvent l'apparence déçoit[1] :
1680   Il ne faut pas toujours juger sur ce qu'on voit.

ORGON

J'enrage.

MADAME PERNELLE

        Aux faux soupçons la nature est sujette,
Et c'est souvent à mal que le bien s'interprète.

ORGON

Je dois interpréter à charitable soin
Le désir d'embrasser ma femme ?

MADAME PERNELLE

Il est besoin,
1685 Pour accuser les gens, d'avoir de justes causes ;
Et vous deviez attendre à vous voir sûr des choses.

ORGON

Hé, diantre ! le moyen de m'en assurer mieux ?
Je devais donc, ma mère, attendre qu'à mes yeux
Il eût… Vous me feriez dire quelque sottise.

MADAME PERNELLE

1690 Enfin d'un trop pur zèle on voit son âme éprise ;
Et je ne puis du tout me mettre dans l'esprit
Qu'il ait voulu tenter les choses que l'on dit.

ORGON

Allez, je ne sais pas, si vous n'étiez ma mère,
Ce que je vous dirais, tant je suis en colère.

DORINE

1695 Juste retour, Monsieur, des choses d'ici-bas :
Vous ne vouliez point croire, et l'on ne vous croit
[pas.

CLÉANTE

Nous perdons des moments en bagatelles pures,
Qu'il faudrait employer à prendre des mesures.
Aux menaces du fourbe on doit ne dormir point.

DAMIS

1700 Quoi ? son effronterie irait jusqu'à ce point ?

ELMIRE

Pour moi, je ne crois pas cette instance[1] possible,
Et son ingratitude est ici trop visible.

CLÉANTE

Ne vous y fiez pas : il aura des ressorts
Pour donner contre vous raison à ses efforts ;
1705 Et sur moins que cela, le poids d'une cabale
Embarrasse les gens dans un fâcheux dédale.
Je vous le dis encor : armé de ce qu'il a,
Vous ne deviez jamais le pousser jusque-là.

ORGON

Il est vrai ; mais qu'y faire ? À l'orgueil de ce
[traître,
1710 De mes ressentiments je n'ai pas été maître.

CLÉANTE

Je voudrais, de bon cœur, qu'on pût entre vous
[deux
De quelque ombre de paix raccommoder les nœuds.

ELMIRE

Si j'avais su qu'en main il a de telles armes,
Je n'aurais pas donné matière à tant d'alarmes,
1715 Et mes...

ORGON

Que veut cet homme ? Allez tôt[2] le savoir.
Je suis bien en état que l'on me vienne voir !

SCÈNE IV

MONSIEUR LOYAL, MADAME PERNELLE, ORGON,
DAMIS, MARIANE, DORINE, ELMIRE, CLÉANTE

MONSIEUR LOYAL

Bonjour, ma chère sœur[1] ; faites, je vous supplie,
Que je parle à Monsieur.

DORINE

                    Il est en compagnie,
Et je doute qu'il puisse à présent voir quelqu'un.

MONSIEUR LOYAL

1720 Je ne suis pas pour être en ces lieux importun.
Mon abord n'aura rien, je crois, qui lui déplaise ;
Et je viens pour un fait dont il sera bien aise.

DORINE

Votre nom ?

MONSIEUR LOYAL

                    Dites-lui seulement que je viens
De la part de Monsieur Tartuffe, pour son bien.

DORINE

1725 C'est un homme qui vient, avec douce manière,
De la part de Monsieur Tartuffe, pour affaire
Dont vous serez, dit-il, bien aise.

CLÉANTE

                              Il vous faut voir
Ce que c'est que cet homme, et ce qu'il peut vouloir.

ORGON

Pour nous raccommoder il vient ici peut-être :
1730 Quels sentiments aurai-je à lui faire paraître ?

CLÉANTE

Votre ressentiment ne doit point éclater ;
Et s'il parle d'accord, il le faut écouter.

MONSIEUR LOYAL

Salut, Monsieur. Le Ciel perde qui vous veut nuire,
Et vous soit favorable autant que je désire !

ORGON

1735 Ce doux début s'accorde avec mon jugement,
Et présage déjà quelque accommodement.

MONSIEUR LOYAL

Toute votre maison m'a toujours été chère,
Et j'étais serviteur[1] de Monsieur votre père.

ORGON

Monsieur, j'ai grande honte et demande pardon
1740 D'être sans vous connaître ou savoir votre nom.

MONSIEUR LOYAL

Je m'appelle Loyal, natif de Normandie,
Et suis huissier à verge[2], en dépit de l'envie.
J'ai depuis quarante ans, grâce au Ciel, le bonheur
D'en exercer la charge avec beaucoup d'honneur ;
1745 Et je vous viens, Monsieur, avec votre licence,
Signifier l'exploit de certaine ordonnance…

ORGON

Quoi ? vous êtes ici… ?

MONSIEUR LOYAL

Monsieur, sans passion :
Ce n'est rien seulement qu'une sommation,
Un ordre de vuider¹ d'ici, vous et les vôtres,
1750 Mettre vos meubles hors, et faire place à d'autres,
Sans délai ni remise², ainsi que besoin est…

ORGON

Moi, sortir de céans ?

MONSIEUR LOYAL

Oui, Monsieur, s'il vous plaît.
La maison à présent, comme savez de reste,
Au bon Monsieur Tartuffe appartient sans conteste.
1755 De vos biens désormais il est maître et seigneur,
En vertu d'un contrat duquel je suis porteur :
Il est en bonne forme, et l'on n'y peut rien dire.

DAMIS

Certes cette impudence est grande, et je l'admire.

MONSIEUR LOYAL

Monsieur, je ne dois point avoir affaire à vous ;
1760 C'est à Monsieur : il est et raisonnable et doux,
Et d'un homme de bien il sait trop bien l'office,
Pour se vouloir du tout opposer à justice.

ORGON

Mais…

MONSIEUR LOYAL

Oui, Monsieur, je sais que pour un million
Vous ne voudriez pas faire rébellion³,
1765 Et que vous souffrirez, en honnête personne,
Que j'exécute ici les ordres qu'on me donne.

DAMIS

Vous pourriez bien ici sur votre noir jupon[1],
Monsieur l'huissier à verge, attirer le bâton.

MONSIEUR LOYAL

Faites que votre fils se taise ou se retire,
1770　Monsieur. J'aurais regret d'être obligé d'écrire,
Et de vous voir couché dans mon procès-verbal.

DORINE

Ce Monsieur Loyal porte un air bien déloyal !

MONSIEUR LOYAL

Pour tous les gens de bien j'ai de grandes tendresses,
Et ne me suis voulu, Monsieur, charger des pièces[1]
1775　Que pour vous obliger et vous faire plaisir,
Que pour ôter par là le moyen d'en choisir
Qui, n'ayant pas pour vous le zèle qui me pousse,
Auraient pu procéder d'une façon moins douce.

ORGON

Et que peut-on de pis que d'ordonner aux gens
1780　De sortir de chez eux ?

MONSIEUR LOYAL

　　　　　　　　On vous donne du temps,
Et jusques à demain je ferai surséance[2]
À l'exécution, Monsieur, de l'ordonnance.
Je viendrai seulement passer ici la nuit,
Avec dix de mes gens[3], sans scandale et sans bruit.
1785　Pour la forme, il faudra, s'il vous plaît, qu'on m'ap-
　　　　　　　　　　　　　　　　[porte,
Avant que se coucher, les clefs de votre porte,
J'aurai soin de ne pas troubler votre repos,
Et de ne rien souffrir qui ne soit à propos.

Mais demain, du matin, il vous faut être habile
1790 À vuider de céans jusqu'au moindre ustensile :
Mes gens vous aideront, et je les ai pris forts,
Pour vous faire service à tout mettre dehors.
On n'en peut pas user mieux que je fais, je pense ;
Et comme je vous traite avec grande indulgence,
1795 Je vous conjure aussi, Monsieur, d'en user bien,
Et qu'au dû de ma charge on ne me trouble en rien.

ORGON

Du meilleur de mon cœur je donnerais sur l'heure
Les cent plus beaux louis de ce qui me demeure,
Et pouvoir, à plaisir, sur ce mufle assener
1800 Le plus grand coup de poing qui se puisse donner.

CLÉANTE

Laissez, ne gâtons rien.

DAMIS

              À cette audace étrange
J'ai peine à me tenir, et la main me démange.

DORINE

Avec un si bon dos, ma foi, Monsieur Loyal,
Quelques coups de bâton ne vous siéraient pas mal.

MONSIEUR LOYAL

1805 On pourrait bien punir ces paroles infâmes,
Mamie, et l'on décrète[1] aussi contre les femmes.

CLÉANTE

Finissons tout cela, Monsieur : c'en est assez ;
Donnez tôt ce papier, de grâce, et nous laissez.

MONSIEUR LOYAL

Jusqu'au revoir. Le Ciel vous tienne tous en joie !

ORGON

1810 Puisse-t-il te confondre, et celui qui t'envoie !

SCÈNE V

ORGON, CLÉANTE, MARIANE, ELMIRE,
MADAME PERNELLE, DORINE, DAMIS

ORGON

Hé bien, vous le voyez, ma mère, si j'ai droit[1],
Et vous pouvez juger du reste par l'exploit[2] :
Ses trahisons enfin vous sont-elles connues ?

MADAME PERNELLE

Je suis toute ébaubie[3], et je tombe des nues !

DORINE[4]

1815 Vous vous plaignez à tort, à tort vous le blâmez,
Et ses pieux desseins par là sont confirmés :
Dans l'amour du prochain, sa vertu se consomme[5] ;
Il sait que très souvent les biens corrompent l'homme,
Et par charité pure, il veut vous enlever
1820 Tout ce qui vous peut faire obstacle à vous sauver.

ORGON

Taisez-vous : c'est le mot qu'il vous faut toujours dire.

CLÉANTE

Allons voir quel conseil[6] on doit vous faire élire.

ELMIRE

Allez faire éclater l'audace de l'ingrat.
Ce procédé détruit la vertu[7] du contrat ;

1825 Et sa déloyauté va paraître trop noire,
Pour souffrir qu'il en ait le succès qu'on veut croire.

SCÈNE VI

VALÈRE, ORGON, CLÉANTE,
ELMIRE, MARIANE, *etc.*

VALÈRE

Avec regret, Monsieur, je viens vous affliger ;
Mais je m'y vois contraint par le pressant danger.
Un ami, qui m'est joint d'une amitié fort tendre,
1830 Et qui sait l'intérêt qu'en vous j'ai lieu de prendre,
A violé pour moi, par un pas[1] délicat,
Le secret que l'on doit aux affaires d'État,
Et me vient d'envoyer un avis dont la suite[2]
Vous réduit au parti d'une soudaine fuite.
1835 Le fourbe qui longtemps a pu vous imposer[3]
Depuis une heure au Prince a su vous accuser,
Et remettre en ses mains, dans les traits qu'il vous
[jette,
D'un criminel d'État l'importante cassette,
Dont, au mépris, dit-il, du devoir d'un sujet,
1840 Vous avez conservé le coupable secret.
J'ignore le détail du crime qu'on vous donne ;
Mais un ordre est donné contre votre personne ;
Et lui-même est chargé, pour mieux l'exécuter,
D'accompagner celui qui vous doit arrêter.

CLÉANTE

1845 Voilà ses droits armés ; et c'est par où le traître
De vos biens qu'il prétend[4] cherche à se rendre
[maître.

ORGON

L'homme est, je vous l'avoue, un méchant animal !

VALÈRE

Le moindre amusement[1] vous peut être fatal.
J'ai, pour vous emmener, mon carrosse à la porte,
1850 Avec mille louis qu'ici je vous apporte.
Ne perdons point de temps : le trait est foudroyant,
Et ce sont de ces coups que l'on pare en fuyant.
À vous mettre en lieu sûr je m'offre pour conduite[2],
Et veux accompagner jusqu'au bout votre fuite.

ORGON

1855 Las ! que ne dois-je point à vos soins obligeants !
Pour vous en rendre grâce il faut un autre temps ;
Et je demande au Ciel de m'être assez propice,
Pour reconnaître un jour ce généreux service.
Adieu : prenez le soin, vous autres…

CLÉANTE

                                      Allez tôt :
1860 Nous songerons, mon frère, à faire ce qu'il faut.

SCÈNE DERNIÈRE

L'EXEMPT, TARTUFFE, VALÈRE,
ORGON, ELMIRE, MARIANE, *etc.*

TARTUFFE

Tout beau, Monsieur, tout beau, ne courez point si
                                          [vite :
Vous n'irez pas fort loin pour trouver votre gîte,
Et de la part du Prince on vous fait prisonnier.

ORGON

Traître, tu me gardais ce trait pour le dernier ;
1865 C'est le coup, scélérat, par où tu m'expédies[1],
Et voilà couronner toutes tes perfidies.

TARTUFFE

Vos injures n'ont rien à me pouvoir aigrir,
Et je suis pour le Ciel appris[2] à tout souffrir.

CLÉANTE

La modération est grande, je l'avoue.

DAMIS

1870 Comme du Ciel l'infâme impudemment se joue !

TARTUFFE

Tous vos emportements ne sauraient m'émouvoir,
Et je ne songe à rien qu'à faire mon devoir.

MARIANE

Vous avez de ceci grande gloire à prétendre,
Et cet emploi pour vous est fort honnête à prendre.

TARTUFFE

1875 Un emploi ne saurait être que glorieux,
Quand il part du pouvoir qui m'envoie en ces lieux.

ORGON

Mais t'es-tu souvenu que ma main charitable,
Ingrat, t'a retiré d'un état misérable ?

TARTUFFE

Oui, je sais quel secours j'en ai pu recevoir ;
1880 Mais l'intérêt du Prince est mon premier devoir ;
De ce devoir sacré la juste violence

Étouffe dans mon cœur toute reconnaissance,
Et je sacrifierais à de si puissants nœuds
Ami, femme, parents, et moi-même avec eux[1].

ELMIRE

1885 L'imposteur !

DORINE

                    Comme il sait de traîtresse manière,
Se faire un beau manteau de tout ce qu'on révère !

CLÉANTE

Mais s'il est si parfait que vous le déclarez,
Ce zèle qui vous pousse et dont vous vous parez,
D'où vient que pour paraître il s'avise d'attendre
1890 Qu'à poursuivre sa femme il ait su vous surprendre,
Et que vous ne songez à l'aller dénoncer
Que lorsque son honneur l'oblige à vous chasser ?
Je ne vous parle point, pour devoir en distraire[2],
Du don de tout son bien qu'il venait de vous faire ;
1895 Mais le voulant traiter en coupable aujourd'hui,
Pourquoi consentiez-vous à rien prendre de lui ?

TARTUFFE, *à l'Exempt*[3].

Délivrez-moi, Monsieur, de la criaillerie,
Et daignez accomplir votre ordre, je vous prie.

L'EXEMPT

Oui, c'est trop demeurer sans doute à l'accomplir :
1900 Votre bouche à propos m'invite à le remplir ;
Et pour l'exécuter, suivez-moi tout à l'heure[4]
Dans la prison qu'on doit vous donner pour demeure.

TARTUFFE

Qui ? moi, Monsieur ?

L'EXEMPT

Oui, vous.

TARTUFFE

                Pourquoi donc la prison ?

L'EXEMPT

    Ce n'est pas vous à qui j'en veux rendre raison.
1905   Remettez-vous, Monsieur, d'une alarme si chaude,
    Nous vivons sous un Prince ennemi de la fraude,
    Un Prince dont les yeux se font jour dans les cœurs,
    Et que ne peut tromper tout l'art des imposteurs.
    D'un[1] fin discernement sa grande âme pourvue
1910   Sur les choses toujours jette une droite vue ;
    Chez elle jamais rien ne surprend trop d'accès[2],
    Et sa ferme raison ne tombe en nul excès.
    Il donne aux gens de bien une gloire immortelle ;
    Mais sans aveuglement il fait briller ce zèle,
1915   Et l'amour pour les vrais ne ferme point son cœur
    À tout ce que les faux doivent donner d'horreur.
    Celui-ci n'était pas pour le pouvoir surprendre,
    Et de pièges plus fins on le voit se défendre.
    D'abord[3] il a percé, par ses vives clartés,
1920   Des replis de son cœur toutes les lâchetés.
    Venant vous accuser, il s'est trahi lui-même,
    Et par un juste trait de l'équité suprême,
    S'est découvert au Prince un fourbe renommé,
    Dont sous un autre nom il était informé ;
1925   Et c'est un long détail d'actions toutes noires
    Dont on pourrait former des volumes d'histoires.
    Ce monarque, en un mot, a vers[4] vous détesté
    Sa lâche ingratitude et sa déloyauté ;
    À ses autres horreurs il a joint cette suite,
1930   Et ne m'a jusqu'ici soumis à sa conduite
    Que pour voir l'impudence aller jusques au bout,

Et vous faire par lui faire raison[1] de tout.
Oui, de tous vos papiers, dont il se dit le maître,
Il veut qu'entre vos mains je dépouille le traître.
1935   D'un souverain pouvoir, il brise les liens
Du contrat qui lui fait un don de tous vos biens,
Et vous pardonne enfin cette offense secrète
Où vous a d'un ami fait tomber la retraite[2] ;
Et c'est le prix qu'il donne au zèle qu'autrefois
1940   On vous vit témoigner en appuyant ses droits[3],
Pour montrer que son cœur sait, quand moins on y
                                        [pense,
D'une bonne action verser la récompense,
Que jamais le mérite avec lui ne perd rien,
Et que mieux que du mal il se souvient du bien.

DORINE

1945   Que le Ciel soit loué !

MADAME PERNELLE

                    Maintenant je respire.

ELMIRE

Favorable succès[4] !

MARIANE

                    Qui l'aurait osé dire ?

ORGON, *à Tartuffe.*

Hé bien ! te voilà, traître…

CLÉANTE

                         Ah ! mon frère, arrêtez,
Et ne descendez point à des indignités ;
À son mauvais destin laissez un misérable,
1950   Et ne vous joignez point au remords qui l'accable :

Souhaitez bien plutôt que son cœur en ce jour
Au sein de la vertu fasse un heureux retour,
Qu'il corrige sa vie en détestant son vice
Et puisse du grand Prince adoucir la justice,
1955 Tandis qu'à sa bonté vous irez à genoux
Rendre ce que demande un traitement si doux.

ORGON

Oui, c'est bien dit : allons à ses pieds avec joie
Nous louer des bontés que son cœur nous déploie.
Puis, acquittés un peu de ce premier devoir,
1960 Aux justes soins d'un autre il nous faudra pourvoir,
Et par un doux hymen couronner en Valère
La flamme d'un amant généreux et sincère.

CHRONOLOGIE
1622-1673

LA JEUNESSE

1622. *15 janvier:* Baptême à Saint-Eustache de Jean Poquelin, qui sera appelé Jean-Baptiste dans la famille. L'enfant a dû naître un ou deux jours auparavant. Le père, Jean Poquelin, 25 ans, marchand tapissier, et la mère, Marie Cressé, 20 ans, se sont mariés le 27 avril 1621. Tous deux sont de famille de tapissiers (depuis trois générations), vivant dans le quartier des Halles.

1623-28. Naissances successives de Louis, Jean (autre fils prénommé ainsi), Marie, Nicolas, Madeleine, frères et sœurs de Jean-Baptiste.

1626. Mort du grand-père paternel et parrain de Jean-Baptiste. C'est probablement l'autre grand-père, Cressé, qui lors de promenades dans Paris emmène le jeune Jean-Baptiste au Pont-Neuf, où il découvre les tréteaux des farceurs.

1631. Jean Poquelin le père achète à son frère un office de tapissier et valet de chambre du roi. La charge consiste à confectionner et entretenir les meubles, garnitures et décorations de la maison royale.

1632. *11 mai:* Mort de la mère de Jean-Baptiste, inhumée au cimetière des Innocents. L'inventaire après décès fait apparaître un mobilier cossu et raffiné, des bijoux de prix, une bibliothèque, le tout dénotant une femme de goût.

1633. Remariage de Jean Poquelin le père avec Catherine Fleurette, fille de marchand, qui lui donne trois filles.

1636. *12 novembre:* Mort de la seconde épouse de Jean Poquelin. Des deux mariages, il reste cinq enfants survivants, dont Jean-Baptiste est l'aîné.

1635-40. Études de Jean-Baptiste chez les jésuites du collège de Clermont (actuel Lycée Louis-le-Grand). Il a peut-être pour condisciples Chapelle et Bernier, qui l'introduiront dans les milieux épicuriens, et notamment auprès de Gassendi, lorsque celui-ci s'installe à Paris en 1641.

1640.   Études de droit à Orléans, où il obtient sa licence. Il s'inscrit au barreau comme avocat, mais n'exerce que quelques mois. C'est à ce moment-là qu'il commence à fréquenter le milieu du théâtre, servant même sans doute de compère à un opérateur. Le goût de la poésie dramatique l'a pris lors de ses études, et il n'est pas insensible au charme d'une jeune et belle comédienne, Madeleine Béjart, son aînée de quatre ans, dont il tombe amoureux, et qui deviendra sa maîtresse.

1642.   Depuis 1637, son père a obtenu pour lui la survivance de sa charge de tapissier du roi. Peut-être Jean-Baptiste commence-t-il à l'exercer en accompagnant le roi à Narbonne.

L'ILLUSTRE-THÉÂTRE ET LA TROUPE ITINÉRANTE

1643.   *6 janvier :* Jean-Baptiste règle avec son père les questions de partage dans la succession de sa mère et renonce à la survivance de la charge de tapissier.
         30 juin : Signature du contrat fondant l'Illustre-Théâtre, créé autour de la famille Béjart et en particulier de Madeleine.
         12 septembre : La troupe s'installe au jeu de paume des Métayers, faubourg Saint-Germain, entre la rue de Seine et l'actuelle rue Mazarine. (Le théâtre ouvrira le 1er janvier 1644).

1644.   *28 juin :* Première apparition au bas d'un acte de la signature « Molière ». Jamais il ne s'expliquera sur le choix de ce pseudonyme.
         19 décembre : Les débuts de la troupe ne sont guère encourageants. Par suite de graves difficultés financières, le bail du jeu de paume des Métayers est résilié. Le même jour, un autre bail est signé pour la location d'un autre jeu de paume, celui de la Croix-Noire, rue des Barrés, dans la paroisse Saint-Paul. Mais les dettes continuent de s'accumuler.

1645.   Molière, en tant que directeur responsable, est emprisonné deux fois pour dettes au Châtelet. Il est libéré sous caution, mais la troupe est condamnée à payer sans délai les sommes dues au propriétaire de la Croix-Noire. Le père de Molière intervient plusieurs fois pendant cette période pour soutenir financièrement son fils. L'Illustre-Théâtre ayant vécu, Molière et ses comédiens décident de quitter Paris et de rejoindre en province la troupe de Charles Dufresne, protégée par le duc d'Épernon, gouverneur de Guyenne. L'aventure provinciale va durer treize ans.

1645-52. Tournées, principalement dans l'Ouest et le Sud du pays : Nantes, Poitiers, Agen, Toulouse, Albi, Narbonne...

1653. La troupe est accueillie à Pézenas par le prince de Conti, frère du grand Condé, qui lui accorde sa protection et son nom : « Troupe de Mgr le prince de Conti ».

1653-57. Poursuite des tournées, qui s'infléchissent vers le Sud-Est : Carcassonne, Pézenas, Avignon, Grenoble, Vienne, Lyon, Dijon. Molière a remplacé Dufresne à la tête de la troupe.

1655 Création à Lyon de *L'Étourdi*.

1656. *Décembre :* Création à Béziers, où se tiennent les États du Languedoc, du *Dépit amoureux*.

1657. Le prince de Conti, qui vient de se convertir, manifeste son hostilité au théâtre en retirant sa protection à la troupe.

1658. Privée de son puissant protecteur, la troupe poursuit néanmoins ses tournées. Elle passe l'hiver à Lyon, se rend à Grenoble pour les fêtes du Carnaval, puis après Pâques décide de remonter vers le Nord. Elle s'établit pour l'été à Rouen (rencontre avec Corneille), avant de pouvoir gagner Paris pour l'ouverture de la saison.

LES DÉBUTS PARISIENS

1658. *24 octobre :* La troupe qui, dès son arrivée à Paris, s'est placée sous la protection de Monsieur, frère du roi, donne devant le roi, dans la salle des gardes du Vieux-Louvre, une représentation de *Nicomède* de Corneille, et une farce (perdue), *Le Docteur amoureux*. Peu sensible à l'interprétation de la tragédie, le roi se trouve en revanche séduit par la farce, et il accorde à la troupe la salle du Petit-Bourbon, à partager en alternance avec les Italiens de Tiberio Fiorelli, le célèbre Scaramouche. Ceux-ci jouant les jours ordi-

naires, Molière y joue les jours dits « extraordinaires »,
c'est-à-dire les lundis, mercredis, jeudis et samedis.

1659. Départ des Italiens. Molière occupe seul la salle du Petit-
Bourbon et y joue désormais les jours ordinaires (mardi,
vendredi et dimanche). Il engage le fameux Jodelet, de
son vrai nom Julien Bedeau, qui mourra l'année suivante,
et La Grange, qui commence à tenir le registre de la
troupe.

18 novembre : Les Précieuses ridicules. Dès la deuxième représentation, le succès est éclatant : la pièce, note Loret dans
sa *Gazette*, a été « si fort visitée par gens de toutes qualités
qu'on n'en vit jamais tant ensemble ». Première grande
réussite, mais aussi première cabale, où participent les
concurrents de l'Hôtel de Bourgogne.

1660. *6 avril :* Par suite de la mort de son frère, Molière retrouve
sa charge de tapissier du roi.

28 mai : Sganarelle ou le Cocu imaginaire. Nouveau succès.
Première véritable apparition du type de Sganarelle, que
Molière va utiliser sept fois.

11 octobre : Début des travaux de démolition de la salle du
Petit-Bourbon, rendus nécessaires par l'édification de la
colonnade du Louvre. La troupe de Molière n'a pas été
avertie. Le roi lui accorde en remplacement la salle du
Palais-Royal, qui nécessite de grosses réparations.

1661. *20 janvier :* Ouverture de la nouvelle salle avec *Le Dépit
amoureux.*

4 février : Première de *Dom Garcie de Navarre.* L'échec,
rapide, de la pièce, tragi-comédie romanesque, détourne
Molière de ce type de théâtre.

24 juin : Première de *L'École des maris.* Après des premières
représentations un peu tièdes, le succès se dessine.

17 août : Grande fête donnée par Foucquet, le surintendant des Finances, dans son château de Vaux-le-Vicomte.
Molière y crée sa première comédie « mêlée de musique et
de danse », *Les Fâcheux*, devant le roi. Celui-ci suggère à
l'auteur d'ajouter à sa galerie de portraits celui du
maniaque de la chasse. Molière, très rapidement, compose
la scène (II,6), qui sera insérée dans la pièce dès la représentation suivante, au Palais-Royal, le 4 novembre, alors
même qu'entre-temps Foucquet a été arrêté sur ordre du
roi. Molière habite alors en face de son théâtre, rue Saint-

Thomas-du-Louvre. Entre 1661 et 1672, il habitera cette même rue, mais dans trois maisons successives.

LES SUCCÈS ET LES LUTTES

1662. *9 janvier :* Retour des Italiens, avec un nouvel acteur, Domenico Biancolelli, qui va devenir le meilleur Arlequin du siècle. Molière étant désormais installé au Palais-Royal, ce sont les Italiens qui, partageant sa salle, doivent maintenant jouer les jours extraordinaires.
20 février : Mariage de Molière avec Armande Béjart. Le contrat a été passé le 23 janvier. La mariée a à peine vingt ans. Elle passe pour la jeune sœur de Madeleine, mais les ennemis de Molière font très tôt courir le bruit que Madeleine est sa mère (ce qui est en effet possible), quand ils n'insinuent pas que Molière est son père (ce qui est faux).
8 mai : Premier séjour de la troupe à la cour, à Saint-Germain-en-Laye.
26 décembre : Création de *L'École des femmes* au Palais-Royal. Grand succès, tout Paris y court. Une « fronde » s'organise dès les premières représentations.

1663. Querelle autour de *L'École des femmes*. Molière répond à ses adversaires par *La Critique de l'École des femmes*, créée le 1er juin au Palais-Royal et où Armande (Mlle Molière) débute dans le rôle d'Élise, et par *L'Impromptu de Versailles* donné à la cour le 19 octobre. Entre-temps, Molière touche une gratification royale de 1 000 livres, qui lui sera renouvelée tous les ans.

1664. *29 janvier :* Première du *Mariage forcé* au Louvre, dans l'appartement de la reine mère. La pièce, jouée avec des intermèdes dansés, se présente comme une comédie-ballet.
28 février : Baptême du premier fils de Molière, Louis, qui a pour parrain le roi et pour marraine Madame, épouse de Monsieur, frère du roi. L'enfant mourra dans l'année.
Mai : Molière anime à Versailles la fête des « Plaisirs de l'île enchantée ». Le 8, il donne *La Princesse d'Élide*, le 12 le premier *Tartuffe, ou l'Hypocrite* en trois actes. Le parti dévot, qui avait essayé d'étouffer la pièce avant la représentation, fait pression auprès du roi : celui-ci interdit toute représentation publique de la pièce.

20 juin : La troupe de Molière crée *La Thébaïde*, première tragédie de Racine.

29 novembre : Molière joue chez la princesse Palatine une version arrangée et complétée du *Tartuffe*, en cinq actes.

1665. *15 février :* Première de *Dom Juan* au Palais-Royal. Le succès est bon, mais la pièce ne va connaître que quinze représentations, Molière ne la remettant pas à l'affiche lors de la reprise d'avril, peut-être à la suite d'une intervention discrète du pouvoir.

4 août : Baptême du deuxième enfant de Molière, Esprit-Madeleine.

14 août : Pension royale de 7 000 livres. La troupe devient « Troupe du roi ».

14 septembre : Première de *L'Amour médecin* à Versailles. La reprise de la pièce le 22 septembre au Palais-Royal lui assure un gros succès.

4 décembre : La troupe crée l'*Alexandre* de Racine, mais celui-ci fait jouer la pièce quelques jours plus tard chez la comtesse d'Armagnac par les comédiens de l'Hôtel de Bourgogne. Brouille avec Racine.

1666. Molière tombe gravement malade (fluxion de poitrine ?), et doit s'arrêter. Plusieurs mois de relâche.

4 juin : Première du *Misanthrope* au Palais-Royal. Accueil assez tiède.

6 août : Première du *Médecin malgré lui*. La querelle sur la moralité du théâtre se développe, et Molière est parmi les principales cibles des adversaires du théâtre.

1ᵉʳ décembre : La troupe rejoint la cour à Saint-Germain-en-Laye, pour un séjour de près de trois mois. Elle est employée dans *Le Ballet des Muses*, où Molière insère une pastorale, *Mélicerte*.

1667. *5 janvier :* Molière remplace *Mélicerte* par *La Pastorale comique*, dont seul subsiste le résumé conservé dans le livret imprimé du *Ballet des Muses*.

14 février : Le ballet s'enrichit d'une quatorzième entrée, pour laquelle Molière conçoit *Le Sicilien ou l'Amour peintre*. La troupe rentre à Paris, mais des rechutes dans la maladie de Molière entraînent plusieurs interruptions. Le 16 avril, le bruit court même que Molière est mort.

5 août : Seule et unique représentation, au Palais-Royal, de *Panulphe, ou l'Imposteur*, version remaniée du *Tartuffe*.

Interdiction immédiate par les autorités civiles et religieuses. Molière sollicite la protection du roi.

1668. *13 janvier :* Première d'*Amphitryon* au Palais-Royal.

24 février : Molière donne une version remaniée du *Mariage forcé,* supprimant les entrées de ballet et transformant la comédie-ballet en une petite farce en un acte.

18 juillet : Première de *George Dandin* à Versailles, au cours du *Grand divertissement* donné pour célébrer la conquête de la Franche-Comté. La comédie s'insère dans une pastorale chantée et dansée dont Molière a composé les vers. La pièce sera reprise en novembre au Palais-Royal, mais sans la pastorale qui lui servait initialement de cadre.

9 septembre : Première de *L'Avare* au Palais-Royal.

1669. *5 février :* Le roi lève l'interdiction de représenter *Le Tartuffe, ou l'Imposteur.* La pièce atteint, dès sa première représentation, le chiffre record de 2 860 livres de recette.

27 février : Mort du père de Molière.

6 octobre : La troupe est à Chambord, avec quinze pièces, dont une création, *Monsieur de Pourceaugnac.*

1670. *4 janvier :* Publication sous l'anonyme du pamphlet le plus violent jamais dirigé contre Molière, *Élomire hypocondre,* somme de tous les ragots et de toutes les mesquineries engendrés par les querelles de *L'École des femmes* et du *Tartuffe.*

LES DERNIÈRES ANNÉES

1670. *4 février :* Molière donne *Les Amants magnifiques* pour le carnaval, sur une commande du roi, à Saint-Germain.

14 octobre : *Le Bourgeois gentilhomme,* donné à Chambord « pour le divertissement du roi ». La reprise au Palais-Royal, avec les intermèdes chantés et dansés, obtient un grand succès.

1671. *17 janvier :* Première de *Psyché,* aux Tuileries, dans la grande salle des machines. Spectacle somptueux, pour lequel Molière s'est assuré le concours de Quinault pour le livret, de Lully pour la musique et de Corneille pour une bonne partie des vers. La pièce, avec ses machines, ses décors, ses musiciens, et son budget impressionnant, traduit le couronnement d'une forme de spectacle qui vise à une véritable fusion des arts : poésie, théâtre, musique, chant, danse. Molière apparaît comme le grand ordonnateur des fêtes royales.

24 mai : Molière crée *Les Fourberies de Scapin* au Palais-Royal, revenant à la forme première du théâtre comique, la farce, et aux tréteaux nus. Le succès n'est pas au rendez-vous.

24 juillet : Reprise au Palais-Royal, rénové pour l'occasion, de *Psyché*. Immense succès, un des plus importants connus par la troupe.

2 décembre : La troupe, invitée à la cour, y crée, au cours d'un spectacle présentant, dans un *Ballet des ballets,* les plus beaux extraits des ballets dansés jusque-là à la cour, une comédie, *La Comtesse d'Escarbagnas*, à l'intérieur de laquelle est insérée une pastorale, dont le texte a disparu. Molière, pour la reprise de la pièce l'année suivante au Palais-Royal, remplacera cette pastorale par *Le Mariage forcé* puis par *L'Amour médecin*.

1672.   *17 février* : Mort de Madeleine Béjart.

11 mars : Première des *Femmes savantes* au Palais-Royal.

29 mars : Lully, qui a su manœuvrer auprès du roi, obtient un privilège pour l'établissement d'une académie royale de musique, qui lui assure un monopole quasi total en matière de spectacle et lui donne l'exclusivité en matière de musique et de ballet. Violente protestation de Molière, à la fois pour défendre sa troupe, mais aussi parce qu'il ne partage pas la conception qu'a Lully de la musique comme ossature du spectacle. Pour Molière, c'est le texte qui est premier.

1ᵉʳ octobre : Baptême du troisième enfant de Molière, Pierre, qui ne vit que quelques jours.

1673.   *10 février* : Première du *Malade imaginaire* au Palais-Royal. Pour la partie chantée et dansée, Molière a passé outre au privilège accordé à Lully, et il a fait appel à un nouveau compositeur, Marc-Antoine Charpentier.

17 février : Quatrième représentation du *Malade imaginaire*. Molière est pris d'une convulsion en prononçant le « juro » de la cérémonie finale. Il crache le sang. On le ramène chez lui, rue de Richelieu, dans la maison qu'il occupe depuis l'année précédente. Il y meurt à dix heures du soir, sans avoir reçu les derniers sacrements. Il faut l'intervention d'Armande auprès du roi pour que les autorités religieuses acceptent un enterrement discret. Le corps est inhumé le 21 février, de nuit, au cimetière Saint-Joseph, dans une partie réservée aux enfants morts-nés, c'est-à-dire n'étant pas de terre sainte.

9 juillet : Réunion des comédiens de Molière et de la troupe du Marais dans une nouvelle « troupe du roi ». La fusion des deux troupes sera parachevée par la création, en 1680, de la Comédie-Française.

1677. Remariage d'Armande avec le comédien Guérin d'Estriché. Elle mourra en 1700, tandis que le seul enfant survivant de Molière, sa fille Esprit-Madeleine, mourra sans enfant en 1723.

1682. Publication des *Œuvres de Monsieur de Molière,* contenant l'ensemble du théâtre, dont les sept comédies qui n'avaient pas été éditées du vivant de Molière.

NOTICE

De toutes les comédies de Molière, *Le Tartuffe*, par les conditions mêmes de son élaboration, apparaît comme celle dont la genèse est la plus complexe à analyser. Non que les éléments manquent pour éclairer le processus de création — ils seraient peut-être même au contraire trop nombreux —, mais le fait que l'on ignore pratiquement tout des deux premières versions interdites de la pièce empêche de se faire une idée précise de la façon dont Molière a procédé pour arriver à l'état définitif du texte tel que nous le connaissons. Pour autant, et malgré cette difficulté qui lui est propre, *Le Tartuffe* est une pièce qui permet mieux que d'autres encore de juger de la manière dont Molière travaille. Homme de scène, il va chercher son bien là où le théâtre, qu'il pratique comme comédien et comme metteur en scène, le lui fournit ; peintre de son temps, il observe la société où il vit, et fait son miel de toutes ses expériences, de toutes ses rencontres, de tout ce qu'il peut voir ou entendre ici ou là ; homme de lettres aussi — entendons par là qu'il écrit ses comédies non sans avoir auparavant beaucoup lu, et pas seulement des textes de théâtre —, il puise à de multiples sources, s'appropriant comme toujours ce qu'il a pris à d'autres. La création moliéresque est une bigarrure, mais ce qui fait son caractère propre, c'est que, une fois les éléments d'emprunt mis en place, ils se fondent dans autre chose, qui n'appartient qu'à lui. À cet égard, *Le Tartuffe* offre un exemple parfait.

LES SOURCES DU *TARTUFFE*

Les modèles vivants

Tartuffe ne manque pas de modèles. C'est même un fait curieusement révélateur que ce personnage qui soulève les foudres des dévots semble représenter un type si largement répandu dans les milieux de la dévotion que, dès la création de la pièce, nombre de modèles vivants sont immédiatement identifiés, et au sein même de l'Église, comme étant les originaux du portrait tracé par Molière. Preuve que l'hypocrisie, péché dénoncé par saint Thomas et qui peut être mortel comme le rappellent nombre de traités de théologie du temps, est un vice qui se porte bien. Preuve aussi que, visant bien et touchant juste, Molière encourt la vindicte de ceux-là mêmes qui ont quelques raisons de penser se reconnaître dans la peinture qu'il fait du personnage. Dès le second placet présenté au roi en 1667, lui-même le souligne, indiquant que sa comédie « les attaque et les joue eux-mêmes, et c'est ce qu'ils ne peuvent souffrir ». On peut donc penser qu'en choisissant de mettre un faux dévot en scène, Molière avait sous les yeux nombre d'exemples qu'il lui suffisait d'observer, et sans doute est-ce le milieu général de la dévotion, avec ses excès fréquents, qui lui a fourni son principal terrain d'observation.

Certains parmi ces dévots semblent toutefois avoir agi avec un art si consommé qu'il paraît peu douteux qu'ils aient pu, plus que d'autres, attirer son attention. C'est le cas tout particulièrement de l'abbé Roquette, devenu ensuite évêque d'Autun, que Molière avait connu dans l'entourage du prince de Conti. Le nom du personnage se trouve, très vite, lié à celui de Tartuffe ; Mme de Sévigné[1], Saint-Simon[2], l'abbé de Choisy, entre autres, s'en font l'écho, et l'abbé Deslions, dans ses *Journaux*, donne dès 1665 la clé d'une identification qui, pour nombre de contemporains, semble ne pas faire de doute : « C'est contre cet abbé qu'on dit que Molière a composé *Le Tartuffe ou l'Hypocrite* par envie qu'il a, dit-on, contractée autrefois contre lui chez le prince de Conti où ils demeuraient tous les deux. » « Le pauvre homme », ce serait lui, et Mme de Sévigné l'appelle d'ailleurs ainsi. Pour autant, les hommes d'église ne

---

1. *Correspondance*, éd. Roger Duchêne, Bibliothèque de la Pléiade, t. I, p. 489.
2. *Mémoires*, éd. Yves Coirault, Bibliothèque de la Pléiade, t. II, p. 867.

manquent pas qui ont aussi des droits à faire valoir : ainsi d'un autre abbé, qui, selon Tallemant des Réaux, « se faisait appeler l'abbé de Pons, grand hypocrite, qui faisait l'homme de qualité et n'était que fils d'un chapelier de province (...) ; c'était un drôle qui de rien s'était fait six à sept mille livres de rentes ; c'est l'original de *Tartuffe*, car un jour il lui [Ninon de Lenclos] déclara sa passion ; il était devenu amoureux d'elle. En traitant son affaire, il lui dit qu'il ne fallait pas qu'elle s'en étonnât, que les plus grands saints avaient été susceptibles de passions sensuelles[1] ». Pourtant, même si l'abbé Roquette ou l'abbé de Pons semblent des modèles très plausibles, d'autres abbés leur disputent ce titre : on parle ainsi du père Boudon, archidiacre d'Évreux, des pères Maimbourg, Desmares, La Chaise, ou même du fameux père Joseph, l'homme de l'ombre, à propos duquel Tallemant encore rapporte une anecdote révélatrice, à travers le dialogue entre un courtisan et un capucin qui lui demande des nouvelles de la cour : « "Ne nous apprendrez-vous rien de notre bon Père Joseph ? — Il se porte fort bien ; il est exempt de toutes sortes d'austérités. — Le pauvre homme ! ", disait le gardien. " — Il a du crédit ; les plus grands de la Cour le visitent avec soin. — Le pauvre homme ! — Il a une bonne litière quand on voyage. — Le pauvre homme ! — Un mulet porte son lit. — Le pauvre homme ! — Lorsqu'il y a quelque chose de bon à la table de Monsieur le Cardinal, il lui en envoie. — Le pauvre homme ! " Ainsi à chaque article le bon gardien disait : " Le pauvre homme ! " comme si ce pauvre homme eût été bien à plaindre. C'est de ce conte-là que Molière a pris ce qu'il a mis dans son *Tartuffe*, où le mari, coiffé du bigot, répète plusieurs fois : " le pauvre homme ! "[2] ».

Les prêtres, toutefois, ne sont pas les seuls à pouvoir justifier de conduites propres à inspirer Molière. Les directeurs de conscience laïques, par leur activité même au sein des familles qu'ils visitent, lui ont sans doute également apporté quelques traits précis. Parmi eux, une place toute particulière doit être faite à deux personnages auxquels Tartuffe semble plus particulièrement redevable. D'abord un chirurgien-barbier, du nom de Crétenet, qui appartenait probablement à la Compagnie du Saint-Sacrement. Accusé de

---

1. Tallemant des Réaux, *Historiettes*, éd. Adam, Bibliothèque de la Pléiade, t. II, p. 448.
2. *Ibid.*, t. I, p. 295.

sensualité et de gourmandise, traité dans plusieurs libelles d'hypocrite, de bigot, et même de *tertufle*, (dans *La Vie de Vénérable Messire
Jacques Crétenet*, 1680), excommunié même un temps, il passait
pour semer le trouble dans les familles de Lyon, où il se trouvait
dans les années 1650, au moment même où Molière y passait à plusieurs reprises. Et il était un ami du fameux curé Olier, avec lequel
Molière avait eu fort affaire du temps de L'Illustre-Théâtre. Du
côté de ces directeurs de conscience très controversés, Tallemant
propose encore une autre piste avec Charpy de Sainte-Croix qui,
après avoir été avocat puis faussaire en religion et, à ce titre, pendu
en effigie, s'est, dit-il, « mis la dévotion dans la tête » et qui, ayant
charmé une certaine Mme Hansse, une dévote veuve de l'apothi-
caire de la reine, s'est introduit chez elle où il « s'est mis à aimer la
petite Mme Patrocle, la fille de Mme Hansse ». Or, raconte Tallemant, « Charpy se met si bien dans l'esprit du mari et s'impatronise tellement de lui et de sa femme, qu'il en a chassé tout le
monde (...). Mme Hansse, qui a enfin ouvert les yeux, en a averti
son gendre ; il a répondu que c'étaient des railleries, et prend
Charpy pour le meilleur ami qu'il ait au monde[1] ». À chaque Tartuffe, donc, son Orgon. Et, comme les Orgons sont innombrables,
les Tartuffes ne le sont pas moins.

LES SOURCES DRAMATIQUES
ET LITTÉRAIRES

D'autant que, si toutes ces identifications prouvent assez que les
modèles vivants ne manquaient pas à Molière pour enrichir de
traits divers son Tartuffe, la tradition théâtrale lui fournissait par
ailleurs un fond solide sur lequel bâtir à coup sûr le personnage, et
d'abord, car dans son théâtre tout part toujours de là, pour lui
donner cette assise farcesque, gage des effets comiques les plus
assurés. Un mari qui se cache sous une table, tandis qu'un sensuel,
quasi sous ses yeux, lutine son épouse ; une poitrine qui déborde
quelque peu et qu'un mouchoir veut cacher aux yeux de qui la
regarde d'un peu trop près ; un maître qui veut souffleter sa servante, et celle-ci, plus leste, qui lui échappe : autant de traits qui
témoignent d'une tradition dont Molière n'entendait nullement

---

1. *Ibid.*, t. II, p. 859.

se couper. Et ce que l'on sait de la distribution des rôles confirme
qu'il entendait bien jouer au maximum des effets de la farce. Le
gros et poupin Du Croisy en Tartuffe, et, conforme à la tradition
farcesque, un homme, et qui plus est boiteux — Louis Béjart —
dans celui de la pétaradante Mme Pernelle : ce sont bien là des
garanties de jeu bouffon. Par ailleurs, depuis la comédie antique,
le personnage du parasite goinfre apparaît comme une valeur sûre
qu'on retrouve tout naturellement dans les comédies italiennes de
la Renaissance, par exemple dans *Lo Ipocrito* de L'Arétin, où, non
content de s'établir dans la maison d'un vieil homme sur le dos
duquel il se met à vivre, le parasite se double d'un hypocrite sensuel qui « marche toujours un bréviaire sous le bras » et qui
convoite l'épouse du maître de maison, à qui il lance des œillades
appuyées. Un type de situation que les canevas de la *commedia
dell'arte* utilisent aussi, et peut-être même l'un d'entre eux, dû à
Giulio Cesare Croce et intitulé *Tartuffo*, présentait-il sous ce nom
un personnage d'entremetteur. Mais les traditions sont ici si nombreuses, et les influences si croisées, qu'il apparaît quasi impossible
de savoir ce que Molière a pu connaître de telle ou telle de ces
sources. La seule chose assurée c'est que, en familier des planches,
il sait utiliser le moindre effet, la moindre réplique, la moindre
situation, qu'ils viennent du théâtre des autres — on pourrait ainsi
citer encore une pièce comme *Les Trahisons d'Arbiran* de Le Métel
d'Ouville (1638) — ou même de son propre théâtre : Mariane et
Valère qui se brouillent et qui se réconcilient se jouent ainsi une
scène de dépit amoureux dont l'exemple se trouve déjà dans la
pièce du même titre, créée en 1656 ; et une servante comme
Dorine qui rudoie un maître entêté pour faire valoir le droit des
enfants de la maison pourrait aussi servir de modèle à une Toi-
nette faisant la même chose, quelques années plus tard, face à un
autre maître à l'esprit pareillement soumis à une idée fixe, dans *Le
Malade imaginaire*.

Familier du théâtre, Molière y puise donc une matière multiple,
dont les contours sont plus difficiles à déterminer que les
emprunts ponctuels qu'il peut faire à d'autres textes non dramatiques, plus repérables. Parmi les diverses influences qu'on a pu
ainsi déceler, celles de la littérature romanesque ne sont pas les
moindres : si le roman de Vital d'Audiguier, *Les Amours d'Aristandre
et de Cléonice* (1626), et celui de Mareschal, *La Chrysolite* (1627), ou
encore la nouvelle espagnole de Solorzano, traduite et publiée en

France en 1661 par Le Métel d'Ouville, *La Fouine de Séville*, ont pu lui suggérer tel ou tel trait, c'est à coup sûr une nouvelle de Scarron, *Les Hypocrites*, qui semble offrir la piste la plus assurée. Parue en 1655 dans le recueil des *Nouvelles tragi-comiques*, la nouvelle, imitée elle-même d'un petit roman de Salas Barbadillo, *La Fille de la Célestine* (1612), présente une aventurière rusée et sans scrupules, Hélène, qui joue, en compagnie d'un protecteur du nom de Montufar et de la vieille Mendez, la comédie des faux dévots. S'étant fait faire « un habit noir, une soutane et un long manteau » et se présentant comme « le frère Martin », Montufar agit de façon fort semblable à Tartuffe : « Si on lui demandait son nom, il répondait qu'il était l'animal, la bête de charge, le cloaque d'ordures, le vaisseau d'iniquités et autres pareils attributs que lui dictait sa dévotion étudiée. » Amassant une vraie fortune en faisant mine d'être désintéressé, affectant l'austérité et menant dans le secret de son intimité une vie licencieuse, s'accusant de tous les péchés du monde pour mieux se faire passer pour un saint homme, ce Montufar n'a pas que le nom qui semble faire écho à Tartuffe. Il est bien son frère aîné, dans une époque, il est vrai, de familles nombreuses, à en juger encore par le petit dernier, un peu plus tardif (1688), dont le nom lui aussi a un air de famille : Onuphre, qui « n'a pour tout lit qu'une housse de serge grise, mais [qui] couche sur le coton et sur le duvet ». La Bruyère brosse, il est vrai, son portrait en faisant explicitement référence à Tartuffe : Onuphre, tirant les leçons de ce qui est advenu à son aîné « ne dit point *ma haire et ma discipline* ; au contraire : il passerait pour ce qu'il est, pour un hypocrite, et il veut passer pour ce qu'il n'est pas, pour un homme dévot[1] ».

Une telle filiation montre assez que Molière avance en terrain largement connu. La littérature satirique, particulièrement intéressée par tous les vices et les ridicules du temps, a déjà largement fixé les traits de ceux qui font de l'hypocrisie un art de vivre. La fameuse Macette que Mathurin Régnier peint, en 1612, dans sa *Satire XIII*, en entremetteuse qui sait cacher son jeu, apparaît presque comme une anticipation féminine de Tartuffe dans sa façon de s'accommoder avec le Ciel et d'affirmer que « le péché que l'on cache est demi-pardonné ». De même le « cafard importun (...) plus libertin au fond qu'un moine de Thélème » dont

1. *Les Caractères*, De la mode, 24.

Du Lorens, en 1624, dans sa première *Satire*, brosse le portrait, a
plus que des traits de ressemblance avec son illustre successeur : il
porte « le petit collet » et, s'insinuant comme lui auprès d'un
couple marié, il gagne la confiance du mari, « Il flatte son esprit
avec certain ramage / Qui l'attire, le charme et doucement
l'engage ; / Il cajole sa femme, et la prie en bigot / De faire le
péché qui rend un homme sot ». Et Garaby de la Luzerne, auteur
d'un libelle satirique sur *Les Pharisiens du temps ou le Dévot hypocrite*,
dans lequel il fustige ces « cagots » qui font partie de ce qu'il
appelle, comme Cléante, une « cabale », ne craint pas de parler,
même si son texte n'avait pas été publié, de son « *Tartuf*, aîné de
celui de Molière de sept à huit ans ».

À toutes ces sources, où Molière a puisé largement sans que l'on
puisse vraiment affirmer qu'il en ait privilégié l'une par rapport
aux autres, il conviendrait d'ajouter les sources religieuses elles-
mêmes. Ainsi le texte même de la comédie fait-il plusieurs fois
référence à des expressions tirées du *Nouveau Testament* : l'ensei-
gnement de Tartuffe, par exemple, qui presse Orgon à « n'avoir
affection pour rien » (v. 276), à détacher son âme « de toutes amitiés » (v. 277), à ne pas se soucier de « voir mourir frère, enfants,
mère et femme » (v. 278), et même à sacrifier « amis, femme,
parents et [lui]-même avec eux » (v. 1884), est-il fondé à la lettre
sur le texte de l'évangile de Luc, dans lequel le Christ affirme que
qui « ne hait pas son père, sa mère, sa femme, ses enfants, ses
frères, ses sœurs et même sa propre vie » (XIV, 26) ne saurait être
son disciple. De même si Tartuffe « comme du fumier regarde tout
le monde » (v. 274), c'est qu'il connaît l'*Épître aux Philippiens* où
Paul dit qu'à cause du Christ il a tout sacrifié et qu'il « estime tout
comme du fumier » (III, 8), à moins que ce ne soit *L'Imitation de
Jésus-Christ* qui, dans la traduction de Corneille, dit que « vraiment
sage » est « celui qui prend pour du fumier les choses de la terre »
(I, v. 304-306). En fait, l'hypocrite utilise constamment des expressions du langage dévot, renvoyant à des sources liturgiques fami-
lières aux chrétiens du temps. Mais ce n'est plus là d'emprunts
proprement dits qu'il est question, mais bien plutôt de cette vir-
tuosité avec laquelle Molière prête à son personnage un langage
lesté de tout un arrière-plan spirituel. À cet égard, les théories
qu'affiche l'imposteur en matière de direction d'intention trouvent leur meilleure condamnation dans la vision cruelle qu'en
offre Pascal en 1656 dans sa VIIe *Provinciale*, tout comme la doctrine

des équivoques, qu'il met à profit pour biaiser à son avantage avec la vérité, se trouve fustigée de façon tout aussi décapante dans la IXᵉ Lettre. Que Molière rejoigne ainsi en quelque manière le polémiste acéré de Port-Royal — comme Sainte-Beuve lui-même le fait remarquer dans *Port-Royal*[1] — ne signifie pas qu'il partage sa cause théologique, non plus que les multiples allusions à la vie et au langage religieux n'informent vraiment sur ses propres croyances en la matière : cela montre essentiellement que Molière crée à partir d'un socle solide et multiforme, et prouve à tout le moins quels enjeux élevés il ne craint pas de fixer à la comédie.

LA GENÈSE DU NOM

Tartuffe désigne si bien l'hypocrite achevé que son nom, dès la création de la pièce, se transforme en nom commun, et que le dictionnaire de Richelet en 1680 définit le terme comme un « mot inventé et introduit dans notre langue par feu Molière. C'est-à-dire un faux dévot ». Les sonorités mêmes du mot ne sont sans doute pas pour rien dans son passage à la postérité. Où Molière est-il donc allé le chercher ? Les réponses, là non plus, ne sont pas simples et ajoutent au mystère. On a pu prétendre que, parmi les divers modèles vivants dont il se serait inspiré, l'un, répondant au nom de Tuffes-Taraux, et qu'il aurait rencontré à Pézenas, aurait pu lui fournir par une anagramme transparente le nom de son personnage. Mais la chose est d'autant moins assurée que le terme de « tartuffe » semble bien avoir existé dans la langue avant que Molière ne nomme ainsi son personnage. Un certain Antoine Fuzy, abbé apostat, auteur en 1609 d'un curieux pamphlet, *Le Mastigophore*, y apostrophe ainsi un personnage : « Tu n'es qu'un tartuffe, un butor, une happelourde [une fausse pierre] ». Le terme est donc, semble-t-il, lié, dès l'origine, à la notion de brutalité et de fausseté, comme pourrait également le faire penser ses origines étymologiques. Dans le *Quart Livre* de Rabelais (1552), on trouve ainsi, dans la bouche du marchand Dindenault qui se méfie du trop malin Panurge, le verbe « trupher » au sens de duper (chap. VI), ce que confirme l'italien « truffà », qui désigne une tromperie, lui-même hérité du bas-latin « trufa », indiquant une fraude, à relier peut-être lui-même au grec τρυφη, qui désigne une vie molle et

---

1. *Port-Royal*, III, chap. XV et XVI, Bibliothèque de la Pléiade, t. II.

sensuelle. Cette ligne étymologique n'est pourtant pas la seule, et l'on peut aussi rattacher tout naturellement tartuffe au « tartufo » italien, mot qui désigne à la fois la truffe mais peut avoir aussi le sens de fourbe, et qui aurait servi de nom à un personnage de la comédie italienne. Le dictionnaire de Littré apporte même cette précision : « *Tartufo* se trouve dans le *Malmantile* de Lippi (1603-1669), avec le sens d'" homme méchant ". Le *Malmantile* circulait manuscrit en France avant le *Tartuffe*. » Le même terme, avec un sens plus précis de fourbe, désigne encore un personnage dans *L'Astrologo* (1606) de Della Porta.

Molière a-t-il connu ces textes ? On ne sait. L'auteur anonyme des *Anecdotes dramatiques* apporte quant à lui, un siècle plus tard, une tout autre explication, en prétendant que Molière aurait été témoin chez le nonce du pape, au moment même où il travaillait à sa comédie, du manège de deux prêtres « dont l'air mortifié et hypocrite rendait assez bien l'idée qu'il avait lors dans la tête ». Alors qu'on présentait au nonce des truffes, l'un de ces dévots, qui savait un peu l'italien, « sort[ant] tout à coup du dévot silence qu'il gardait et choisissant saintement les plus belles, s'écriait d'un air riant : " Tartufoli, Signor nuntio, Tartufoli ". Molière, qui était toujours un spectateur attentif et observateur, prit de là l'idée de donner à son Imposteur le nom de Tartuffe ». L'anecdote est belle, mais tardive. Elle ne dispense pas en tout cas de remarquer comme une continuité sémantique, impliquant la ruse papelarde, qui semble s'attacher à la consonance même du terme dont Scarron, avec son Montufar, puis La Bruyère, avec son Onuphre, jouent pareillement pour nommer leur hypocrite et dont Molière lui-même ne s'éloigne pas, en appelant dans la deuxième version de sa pièce son personnage Panulphe.

LA GENÈSE DE LA PIÈCE

La comédie, telle que nous la connaissons, n'est, on le sait, que la troisième version de la pièce. Les difficultés auxquelles Molière se heurte pour l'imposer l'amènent à remanier plusieurs fois son texte, sans qu'on puisse savoir exactement quelles modifications précises il y apporte. La querelle qui s'engage autour de la représentation témoigne ainsi non seulement, comme on l'a vu, de multiples enjeux, mais elle vient interférer aussi avec le processus de création lui-même et, à ce titre, mérite d'être regardée de près.

TARTUFFE, OU L'HYPOCRITE (1664)

Quelle pièce Molière représente-t-il sous ce titre le 12 mai 1664, à Versailles, à la suite des réjouissances qui ont marqué la fête des « Plaisirs de l'île enchantée » ? La Grange indique dans son *Registre* que ce sont « les trois premiers actes de cette comédie [qui] ont été représentés ». Deux hypothèses peuvent être formulées à partir de cette indication qui n'a pas lieu d'être mise en doute : ou bien les trois actes ainsi présentés constituaient une pièce achevée, ou ils n'étaient que la version non terminée d'une comédie en cours d'élaboration. Si l'on retient la première hypothèse, et si l'on considère que les trois actes en question étaient bien effectivement les trois premiers de la comédie définitive, on voit que la pièce se terminait donc par le triomphe de Tartuffe, auquel un Orgon définitivement abusé fait don de sa fille et de ses biens. Un tel dénouement, qui, à s'en tenir au côté âcre et cruel des trois premiers actes, présente une parfaite logique interne, pourrait expliquer la virulence des réactions des milieux dévots, s'estimant non seulement visés par une telle peinture mais s'émouvant aussi de voir le dernier mot revenir à l'hypocrite. On a, toutefois, fait remarquer qu'un tel dénouement serait le seul qui sacrifierait les forces vives de la jeunesse, là où toutes les comédies de Molière leur assurent toujours victoire pleine et entière. Pour contourner cette objection, certains pensent que dans cette première version l'intrigue sentimentale entre Valère et Mariane n'existait pas, et que c'était en fait les actes I, III et IV qui constituaient la comédie.

Une telle supputation n'est plus nécessaire si l'on s'en tient à la seconde hypothèse, qui voit dans ces trois actes les trois premiers d'une pièce non encore achevée. Les indications de La Grange peuvent laisser penser que tel fut bien le cas, puisque celui-ci, dans l'avant-propos de l'édition de 1682, après avoir signalé que « les trois premiers actes de cette comédie » ont été représentés d'abord à Versailles le 12 mai 1664 puis une deuxième fois à Villers-Cotterêts pour Monsieur, frère du roi, le 25 septembre de la même année, ajoute que « cette comédie, parfaite, entière et achevée en cinq actes a été représentée la première et la seconde fois au Château-du-Raincy, près Paris, pour S. A. S. Mgr le Prince, les 29 novembre 1664 et 8 novembre de l'année suivante 1665, et depuis encore au château de Chantilly, le 20 septembre 1668 ».

Précision que semble confirmer l'édition de 1673 des *Plaisirs de l'île enchantée* qui rapporte que le roi « défendit cette comédie jusqu'à ce qu'elle fût entièrement achevée ». De telles indications amènent à penser que, désireux de faire lever l'interdiction qui a frappé la pièce dès sa représentation versaillaise, Molière travaille à la compléter, voire à la remanier, pour lui donner une forme « achevée », susceptible de mieux traduire ses intentions et lui permettant de la défendre plus efficacement.

Car, quinze jours après la première représentation à Versailles, le roi, comme le signalent sous la plume de d'Argenson les *Annales de la Compagnie du Saint-Sacrement*, « bien informé par M. de Péréfixe, archevêque de Paris, des mauvais effets que pouvait produire la comédie du *Tartuffe* », prononce l'interdiction. Celle-ci n'apaise pas pour autant les attaques des dévots. Le 1er août 1664, l'abbé Pierre Roullé, curé de Saint-Barthélemy, fait paraître un pamphlet, *Le Roi glorieux au monde ou Louis XIV le plus glorieux de tous les rois du monde*, dans lequel il s'en prend avec la plus extrême violence à Molière : « Un homme, ou plutôt un Démon vêtu de chair et habillé en homme et le plus signalé impie et libertin qui fût jamais dans les siècles passés, avait eu assez d'impiété et d'abomination pour faire sortir de son esprit diabolique une pièce toute prête d'être rendue publique en la faisant monter sur le théâtre à la dérision de toute l'Église et au mépris du caractère le plus sacré et de la fonction la plus divine, et au mépris de ce qu'il y a de plus saint dans l'Église, ordonné du Sauveur pour la sanctification des âmes, à dessein d'en rendre l'usage ridicule, contemptible, odieux. Il méritait pour cet attentat sacrilège et impie un dernier supplice exemplaire et le feu même avant-coureur de celui de l'Enfer, pour expier un crime si grief de lèse-Majesté divine. » Désigné ainsi comme l'ennemi public n° 1 de l'Église, Molière réplique en adressant au roi son premier placet, où il établit la ligne de défense à laquelle il va se tenir : ce ne sont pas les vrais dévots qu'il attaque, mais les faux ; sa dénonciation de l'hypocrisie vise à en corriger les hommes ; et c'est en déformant ses intentions qu'on est parvenu à faire interdire sa pièce et qu'on veut maintenant le destiner au châtiment public. Au sein des luttes d'influence qui se déroulent autour du roi, de tels arguments trouvent des échos favorables auprès de ceux qui, précisément, n'épousent pas la cause dévote. Parmi eux, la princesse Palatine et Condé, dont le zèle religieux est pour le moins tiède et dont les fréquentations

libertines sont connues, constituent des alliés de poids : rien
d'étonnant donc à ce que ce soit chez eux, au Raincy puis à l'Hôtel
de Condé et à Chantilly, que le dramaturge donne la version
« achevée » de sa comédie. Mais Molière, outre de nombreuses
visites à la cour, cherche aussi d'autres défenseurs, et la lecture
qu'il fait, dès juillet 1664, de sa pièce au légat du pape, le cardinal
Chigi, montre qu'il sollicite des appuis partout, y compris au plus
haut degré de la hiérarchie de l'Église.

C'est que certains des aspects de ce premier *Tartuffe* présentent
une audace que les versions suivantes s'attacheront à réduire. En
1667, dans son second placet au roi, Molière indique certains des
aménagements qu'il a été amené à faire, dont l'un — la modifi-
cation de costume — apparaît particulièrement révélateur : « En
vain », écrit-il en parlant de la nouvelle version de sa comédie, « je
l'ai produite sous le titre de *L'Imposteur*, et déguisé le personnage
sous l'ajustement d'un homme du monde ; j'ai eu beau lui donner
un petit chapeau, de grands cheveux, un grand collet, une épée, et
des dentelles sur tout l'habit, mettre en plusieurs endroits des
adoucissements, et retrancher avec soin tout ce que j'ai jugé
capable de fournir l'ombre d'un prétexte aux célèbres originaux
du portrait que je voulais faire : tout cela n'a de rien servi. » C'est
dire que le premier Tartuffe se présentait sous un habit austère,
sans dentelles, avec grand chapeau et petit collet : un costume qui
désigne nettement le dévot, et même plus précisément celui qui se
destine à une carrière ecclésiastique ; c'est en effet au petit collet
que se reconnaissent les clercs, gens *d'église* — et non plus *du
monde*, comme l'est devenu Panulphe — qui n'ont pas encore été
ordonnés ou n'ont pas prononcé leurs vœux complets. Le personnage fait donc alors manifestement partie de l'Église, ce qui
explique que des témoignages — trop tardifs et suspects pour être
absolument retenus — prétendront même que, dans sa première
apparition, le bonhomme portait la soutane.

PANULPHE, OU L'IMPOSTEUR (1667)

Panulphe, donc — puisque c'est sous ce nom-là qu'il se présente
en 1667 — n'est plus homme d'église. Molière a donc sensiblement remanié sa pièce, tout en travaillant ardemment à faire lever
l'interdiction et en se défendant par des initiatives multiples. Mais
s'il semble être parvenu assez rapidement à une comédie en cinq

actes, comme le signale La Grange qui fait état d'une première représentation sous cette forme dès le 29 novembre 1664, les remaniements ne sont sans doute pas achevés à ce moment-là puisque, en octobre 1665 pour une représentation chez la Palatine, puis en 1666 pour une représentation que réclame la reine Christine de Suède, des témoignages divers indiquent que Molière travaille toujours à sa comédie et que le IVe acte notamment n'est pas encore prêt. Ce travail de mise au point est d'autant plus difficile à mener à son terme que Molière, dans le même temps, défend sa pièce par un autre moyen, qui l'occupe entièrement pendant plusieurs mois : le 15 février 1665, il fait représenter au Palais-Royal son *Dom Juan*. La pièce que, pressé par la querelle, il n'a pas eu le temps de mettre en vers, apparaît bien de sa part comme une profession de foi théâtrale : les ennuis que lui vaut son *Tartuffe* ne le détournent pas de l'idée qu'il a que la comédie peut aborder tous les grands sujets. En mettant en scène un « grand seigneur méchant homme », il renchérit même en l'occurrence sur sa comédie bourgeoise. Et il complète, du même coup, le tableau de l'hypocrisie, montrant que le « vice à la mode » touche tout autant les libertins que les dévots. Le nouveau scandale que soulève la pièce amène Molière à la retirer très rapidement de l'affiche, peut-être sur les conseils du roi lui-même, qui lui maintient sa faveur : la pension de sept mille livres que celui-ci lui octroie s'accompagne de la protection officielle qu'il accorde à sa troupe en lui donnant le titre de Troupe du roi. En juin 1666, alors que l'interdiction n'est toujours pas levée, *Le Misanthrope*, tout en affichant encore le sérieux et l'élévation de la comédie, montre, par la dénonciation de l'hypocrisie mondaine, que Molière entend bien poursuivre dans la voie de son *Tartuffe*.

Il n'a donc nullement abandonné le désir de voir représenter sa pièce. Le 5 août 1667, alors que le roi est à l'armée en Flandre et sans doute après avoir obtenu de lui des assurances verbales, Molière donne, sur la scène du Palais-Royal, la deuxième version de sa comédie, désormais intitulée *Panulphe, ou l'Imposteur*. Les modifications et adoucissements divers qu'il a pu apporter à sa première version ne trompent personne : c'est bien toujours, sous un autre nom, la même comédie. Desfontaines écrit à de Lionne dès le 6 août : « Molière donna hier la première représentation de son *Imposteur* qui n'est autre chose que Tartuffe, qu'il appelle présentement Panulphe. » Les sanctions suivent d'ailleurs immédiatement : dès le 6 ou le 7, le président du Parlement, Lamoignon, fait signifier à la troupe que la pièce est interdite, et le 11 l'archevêque de Paris, Hardouin de Péréfixe, publie une ordonnance qui interdit de « représenter, sous quelque nom que ce soit, la susdite comédie, de la lire ou entendre réciter, soit en public, soit en particulier, sous peine d'excommunication ». Devant la menace, Molière a vivement réagi en rédigeant, dès le 8 août, son second placet, que deux de ses comédiens, La Grange et La Thorillière, partent pour Lille porter au roi. Le roi promet de faire examiner la pièce dès son retour à Paris en septembre. Entre-temps est publiée sous l'anonyme, le 20 août, une *Lettre sur la comédie de l'Imposteur*. Celle-ci, due à quelqu'un (peut-être La Mothe Le Vayer) qui a assisté à l'unique représentation de la pièce mais qui a pu peut-être disposer du texte écrit, apparaît favorable à Molière : s'efforçant de dépassionner les choses, elle juge la comédie à l'aune de la question générale de la moralité du théâtre et, apportant au débat un éclairage d'inspiration rationaliste, ne craint pas d'affirmer que « jamais il ne s'est frappé un plus rude coup contre tout ce qui s'appelle galanterie en termes honnêtes que cette pièce ; et que si quelque chose est capable de mettre la fidélité des mariages à l'abri des artifices de ses corrupteurs, c'est assurément cette comédie » (in *Œuvres complètes* de Molière, éd. G. Couton, La Pléiade, T.1, p.1172). Mais, outre cette défense de la moralité de la comédie, la *Lettre* présente surtout un intérêt en ce qu'elle propose, dans sa première partie, un résumé très scrupuleux de *L'Imposteur*. Or les différences qui se font jour entre *Le Tartuffe* définitif de 1669 et cette seconde version apparaissent peu importantes : quelques changements dans le découpage des scènes et dans l'attribution des répliques aux personnages, notamment dans les scènes d'exposition du premier acte ; un conseil de famille, à la fin de l'acte II, où les adversaires de Panulphe élaborent une stratégie pour s'opposer au mariage de celui-ci avec Mariane, scène que Molière supprime en 1669 pour montrer une famille réagissant en ordre dispersé aux attaques de l'hypocrite ; un jeu de scène réaménagé — Elmire multipliant les appels du pied pour avertir Orgon caché sous la table, alors qu'elle choisira de tousser en 1669 — ; quelques différences dans le dénouement, où le contenu de la cassette semble être précisé en 1667 de façon plus explicite, et où Valère apprend l'intervention de l'Exempt par une indiscrétion coupable de celui-ci, que Molière supprime dans la dernière version. Le plus important réside en fait dans quelques développements que Molière choisira de couper en 1669 et qui sont essentiellement le fait de Tartuffe justifiant ses désirs, lors de sa première rencontre avec Elmire, en insistant sur la faiblesse humaine, puis s'étendant, lors de sa seconde entrevue, sur les subtilités de la casuistique après « une longue déduction des adresses des directeurs modernes ». Une suppression qui va dans le sens des « adoucissements » que le texte de 1667 devait lui-même déjà apporter à celui de 1664, mais dont on ne peut guère juger, le texte premier nous restant inconnu.

En fait, ce que la *Lettre sur la comédie de l'Imposteur* montre surtout, c'est que Molière, en se faisant plus accommodant sur la lettre, n'a rien changé à l'esprit de son premier *Tartuffe* : la défense qu'il présente dans le second placet utilise les mêmes arguments de fond que ceux du premier. Et l'on peut penser, de ce fait, que le *Tartuffe* définitif reste dans cette ligne intransigeante sur le fond, si elle consent à apporter quelques modifications de forme, au demeurant habituelles dans la façon de procéder de Molière.

LE TARTUFFE, OU L'IMPOSTEUR (1669)

La querelle d'ailleurs ne s'apaise que lentement. Molière garde son théâtre fermé jusqu'au 26 septembre 1667, et le retour du roi à Paris ne résout rien dans l'immédiat. Les dévots veillent à ce que la pièce interdite ne soit pas jouée, et l'auteur de la *Lettre* dit bien qu'il n'a vu la comédie de *Panulphe* « que la seule fois qu'elle a été représentée en public ». Il va, en fait, falloir attendre encore presque dix-huit mois pour que les cinq actes définitifs puissent être librement portés à la scène. Sans doute l'autorité plus affirmée du roi et le recul du parti dévot permettent-ils enfin que l'autorisation soit accordée ; mais c'est sans aucun doute l'obstination de Molière, et aussi l'attente que l'interdiction a suscitée dans le public depuis plus de cinq ans, qui rendent finalement la création possible. Le 5 février 1669, Molière donne donc enfin au Palais-Royal l'ultime version de sa comédie, intitulée désormais *Le Tartuffe, ou l'Imposteur*. Le succès est considérable, les recettes atteignant, en vingt-huit représentations consécutives, des chiffres jusque-là sans précédent dans l'histoire de la troupe. Molière, dans un troisième placet adressé au roi et daté du jour même de la première représentation, peut dès lors quitter la défensive pour afficher un triomphe auquel il associe le souverain. Mais la rapidité de la publication, dont l'achevé d'imprimer est du 23 mars 1669, et la longue préface qui l'accompagne prouvent qu'il entend tirer vite profit de sa victoire face à des dévots qui n'ont sans doute pas désarmé, comme il le signale dans ladite préface : « Tous les jours encore, ils font crier en public des zélés indiscrets, qui me disent des injures pieusement, et me damnent par charité. » Ces attaques, toutefois, ne parviennent pas à relancer la querelle. La publication sous l'anonyme, en décembre 1669, d'une petite comédie en vers, *La Critique du Tartuffe*, précédée d'une *Lettre satirique sur le Tartuffe*, apparaît moins comme une volonté de pousser Molière dans une guerre comique comme celle qui avait suivi *L'École des femmes* que comme l'exploitation d'un succès qui suscite désormais, plus que la virulence de l'anathème, la reconnaissance de la parodie.

De cette dernière version du *Tartuffe*, la seule qui nous soit donc parvenue, on retiendra que le changement le plus apparent concerne le titre. Dans la première version, c'est le personnage qui donnait son nom à la pièce, et c'est son caractère dissimulateur qui était mis en valeur : *Tartuffe, ou l'Hypocrite*. Dans la deuxième version, le personnage présentait un autre nom, sans doute pour apporter des gages de changement, et surtout il se voyait affecté d'un autre qualificatif dont la connotation religieuse — par le fameux *Traité des Trois Imposteurs* cher aux libertins — n'était pas moindre. En devenant *Panulphe, ou l'Imposteur*, le titre donnait simplement au personnage, par cette usurpation d'identité et de fonction à laquelle renvoie l'imposture, plus d'ampleur sociale. La version définitive emprunte à l'un et à l'autre titres : l'imposture est maintenant acquise, mais l'imposteur retrouve son nom premier, le seul qui vaille. Il se trouve toutefois précédé désormais de l'article : *Le Tartuffe, ou l'Imposteur*. Par l'article, le nom de l'individu prend valeur générale, le personnage se résout déjà en type. Diderot le remarquera bien lorsqu'à la question : « Quelle différence mettez-vous donc entre un tartuffe et le Tartuffe ? », il répondra : « Le commis Billard est un tartuffe, l'abbé Grizel est un tartuffe, mais il n'est pas le Tartuffe. Le financier Toinard était un avare, mais il n'était pas l'Avare. L'Avare et Le Tartuffe ont été faits d'après tous les Toinards et tous les Grizels du monde ; ce sont leurs traits les plus généraux et les plus marqués, et ce n'est pas le portrait exact d'aucun ; aussi personne ne s'y reconnaît-il. (...) La satire est d'un tartuffe, et la comédie est du Tartuffe. La satire poursuit un vicieux, la comédie poursuit un vice » (*Paradoxe sur le comédien*, éd. R. Abirached, Folio, p. 71). En devenant le Tartuffe, Tartuffe, alias Panulphe, accède bien, de la particularité de la satire, à cette valeur générale du type comique. Molière, par cette touche discrète et pourtant si apparente qu'est un titre, a voulu que sa victoire soit celle aussi de la comédie.

LES MISES EN SCÈNE
DU *TARTUFFE*

Pour se convaincre de la richesse et de la complexité d'interprétation qu'offre *Le Tartuffe*, et dont témoigne suffisamment la masse impressionnante de commentaires et d'études qui jalonnent au fil des siècles et partout dans le monde sa réception critique, il suffit de remarquer que, de toutes les comédies de Molière, c'est celle qui a suscité, depuis sa création, non seulement le plus grand nombre de représentations, mais également le plus de variétés et même de contradictions dans l'interprétation des rôles et dans la mise en scène. Spectacle « classique » s'il en est, *Le Tartuffe*, avec environ 3 500 représentations, reste de loin la pièce la plus jouée à la Comédie-Française, selon une fréquence en constante progression : 172 fois au XVIIe siècle, 791 au XVIIIe, 1106 au XIXe, près de 1 500 au XXe. Et c'est sans compter les innombrables créations proposées sur d'autres scènes : au XIXe siècle, on compte près de 10 000 représentations, et le XXe siècle ne doit pas être très loin du double. C'est dire l'attrait que la pièce n'a jamais cessé d'exercer sur les gens de théâtre. Mais, contrairement à nombre d'autres comédies moliéresques, ces multiples représentations n'ont jamais contribué véritablement à créer une tradition de jeu, comme c'est le cas pour presque tout le répertoire classique. Les grands rôles de la pièce ont pratiquement donné lieu à autant d'interprétations différentes qu'ils ont pu avoir d'interprètes ; et l'accent mis, selon les cas, plutôt sur tel protagoniste que sur tel autre — Tartuffe certes, mais aussi Orgon, voire Elmire ou Dorine — a souvent contribué à donner un angle de vue particulier à la façon dont la pièce pouvait être abordée. Une telle multiplicité d'approches, due longtemps au travail des seuls comédiens, s'est trouvée accentuée encore au XXe siècle avec l'importance prise par les metteurs en scène. À la scène plus qu'ailleurs, l'article que Molière donne au titre de sa comédie, « *Le* » *Tartuffe*, doit se prendre comme un singulier riche des multiples pluriels que représentent tous « les » Tartuffes qui en ont été la traduction théâtrale.

LE XVIIe SIÈCLE

De la création, sur la scène du Palais-Royal, le 5 février 1669, on connaît, par le *Mémoire* de Mahelot, les éléments de décor : « Le théâtre est une chambre. Il faut deux fauteuils, une table, un tapis dessus, deux flambeaux, une batte. » Si le costume de Tartuffe peut se déduire des indications données dans le second placet — le personnage n'arbore assurément plus le petit collet de 1664, ni à plus forte raison la soutane, et apparaît comme portant un costume certes sobre et sans doute sombre mais qui le désigne comme un laïque et non comme un ecclésiastique —, on connaît en revanche précisément le costume d'Orgon, par l'inventaire après décès de Molière qui en était l'interprète : « L'habit de la représentation du *Tartuffe*, consistant en pourpoint, chausse et manteau de vénitienne noir, le manteau doublé de tabis et garni de dentelle d'Angleterre, les jarretières et ronds de souliers et souliers pareillement garnis, prisé 60 livres. » L'habit là aussi est sobre, d'un bourgeois cossu. Pourquoi Molière s'est-il donc réservé ce rôle d'Orgon, plutôt que de choisir celui de Tartuffe ? Outre les caractéristiques physiques qui lui font confier à Du Croisy le rôle de l'hypocrite, il semble que le personnage d'Orgon soit, dans son esprit, tout aussi important, et qu'il représente même le pivot autour duquel s'organise l'intrigue de la comédie, comme le suggère d'ailleurs l'auteur de *La Lettre sur la comédie de l'Imposteur* lorsqu'il affirme, parlant du désabusement d'Orgon, que c'« est proprement le sujet de la pièce ». En fait, le duo formé par Du Croisy et Molière indique bien que la comédie fonctionne sur le couple Tartuffe-Orgon, et que l'un ne va pas sans l'autre. Le peu que l'on sait des jeux de scène de cette première représentation confirme ce que traduit de la part de Molière le choix de confier à ses côtés le rôle de Tartuffe à Du Croisy : la même *Lettre* rapporte que, découvrant les avances que l'imposteur fait à Elmire (le rôle est d'ailleurs créé par Armande, la propre femme de Molière), Orgon sort de dessous la table pendant que Tartuffe est allé voir si personne ne vient, et lorsque celui-ci revient, ouvrant les bras à

Elmire, c'est Orgon qu'il se retrouve étreindre. On est là dans le pur registre de la bouffonnerie, ce que semblerait confirmer la présence parmi les accessoires d'une batte, qui n'est peut-être que le bâton que l'Exempt porte comme insigne de sa fonction, mais qui est peut-être aussi ce bâton qu'Orgon brûle de saisir pour corriger son fils : « Ah ! tu résistes, gueux, et lui dis des injures ? / Un bâton, un bâton ! » (v. 1134-1135). Cette façon de mêler la dévotion et les choses saintes aux pantomimes grossières de la farce ne fut sans doute pas pour rien dans le scandale, d'autant que l'apparence physique de Du Croisy ne laissait guère de doute sur le parti pris par Molière de ne pas se priver du registre bouffon : de forte taille, le visage poupin, et doté d'un embonpoint et d'une complexion sanguine qui correspondent parfaitement aux traits physiques du personnage décrit par Dorine — « gros et gras, le teint frais et la bouche vermeille » (v. 234) —, le créateur du rôle donnait de Tartuffe l'image d'un sensuel, tenant de la double tradition du parasite et du paillard son double appétit pour les choses de la chère et pour celles de la chair. Et quant à la prétendue noblesse du dévot, mise en doute par la servante, elle ne cadrait guère avec les emplois ordinairement tenus par le comédien qui jouait plutôt les valets ou les gueux, et qui venait d'interpréter Maître Jacques dans *L'Avare*, avant d'être Sbrigani dans *Monsieur de Pourceaugnac* et Covielle dans *Le Bourgeois gentilhomme*. Tout au plus sa prestance physique pouvait-elle lui permettre de donner le change quant à la véritable identité du personnage, et constituait-elle probablement un de ces « adoucissements » apportés par Molière par rapport à la première représentation de 1664 où le premier Tartuffe aurait été, selon une tradition dont se fait l'écho Jacques Scherer, joué par un comédien plus versé encore dans le registre farcesque, « le corpulent Du Parc, qui figurait dans les farces sous le nom de Gros-René » (in *Œuvres complètes* de Molière, Club du Meilleur Livre, 1955, T. II, p. 981). La présence enfin, dans le rôle de Dorine, de Madeleine Béjart, dont le talent comique vif et enjoué avait déjà fait ses preuves dans des personnages de soubrette alerte comme la Marinette du *Dépit amoureux*, la Lisette de *L'École des Maris* et de *L'Amour médecin* ou la Cléanthis d'*Amphitryon*, tout comme le fait que ce soit un homme, Louis Béjart, qui tenait le rôle de Mme Pernelle, laisse également à penser que la pièce était jouée, lors de sa création, dans un registre qui était bien celui de la comédie et que conserva la reprise de 1685, où Du Croisy reprenait le rôle de Tartuffe tandis que Rosimont remplaçait Molière dans celui d'Orgon, comme il devait le faire pour la plupart des grands rôles que celui-ci avait créés — Arnolphe, Harpagon, Jourdain et Scapin.

LE XVIIIᵉ SIÈCLE

C'est dans cette voie comique que s'engagent les interprétations qui suivent la mort de Molière. Pendant près d'un siècle, les diverses représentations qui sont données du *Tartuffe* ne s'en éloignent guère, proposant toujours de Tartuffe l'image d'un personnage voluptueux et goulu, face à un Orgon entêté et colérique. Dans ce registre évoluent ainsi, dans la première moitié du XVIIIᵉ siècle, les Tartuffes d'Armand et de Deschamps, lequel donne fort dans la grimace, puis surtout, dans les années 1760-1780, de François Augé, qui pousse à l'extrême la sensualité épaisse du personnage, le transformant pratiquement en rustaud lubrique et jouant en charge le personnage à grand renfort de grimaces et d'œillades. Ce côté grossier se trouve accentué encore lorsque Des Essarts, dans les dernières décennies du siècle, ajoute à l'embonpoint de Tartuffe son propre embonpoint dans le rôle d'Orgon, qui l'oblige à hausser la table traditionnelle pour pouvoir s'y glisser dessous. Devant de telles interprétations, on comprend plus facilement les réserves émises par les grands écrivains du siècle, au nom du goût ou de la morale, face à une pièce dont les représentations du temps ne cherchent guère à affiner les traits.

La réaction à cette vision tout en charge du personnage de Tartuffe amène toutefois, vers la fin du XVIIIᵉ siècle, un changement radical dans l'approche du rôle et, partant, dans l'interprétation générale de la pièce. Là où les successeurs de Du Croisy, présentant un Tartuffe grossier, finissaient par faire surtout de l'hypocrite un brutal repoussant cachant bien mal son jeu, François-René Molé propose, vers 1780, une approche tout à fait neuve du personnage : d'allure noble et distinguée, celui-ci offre un côté séduisant qui non seulement tranche radicalement avec le jeu de ses devanciers et suscite aussitôt des émules — ainsi Fleury ou Baptiste aîné —, mais qui surtout amène à reconsidérer, par la séduction même dont il est chargé, le rôle d'Elmire. Jusque-là, celle-ci n'a guère été, à la suite d'Armande Béjart, la créatrice du rôle, interprétée que comme une jeune femme honnête et un peu pâle, toute de décence et de dignité. C'est ainsi que la joue vers le milieu du XVIIIe siècle Mme Préville, longtemps attachée au rôle. Rompant avec cette tradition, la composition de Louise Contat, vers la fin du siècle, fait d'Elmire un personnage moins simple, la poussant du côté de la coquetterie et de l'assurance, ce qui donne à ses rapports avec Tartuffe une ambiguïté qu'un peu plus tard Emilie Leverd radicalise encore, en inversant le rapport de forces et en transformant Elmire en malicieuse qui n'hésite pas à admettre les sous-entendus les plus équivoques dans sa façon de se prêter au jeu de la séduction. De la même façon, le ton direct et la fantaisie bouffonne qui marquent le rôle de Dorine à la suite de Madeleine Béjart, par exemple avec Mlle Beauval qui lui succède, font place, au cours du siècle suivant, à une vision plus fine du personnage : Mlle Dangeville, charmante et pleine d'esprit, Mme Bellecour, vive et toute de finesse, Mlle Luzy, la charmante Sophie Devienne, la provocante Mlle Dupont, la presque coquine Mlle Demerson — toutes prenant le rôle très jeunes, entre seize et vingt ans — tirent la servante un peu rude et directe vers la soubrette gracieuse et spirituelle, emploi qu'elles tiennent d'ailleurs pour la plupart d'entre elles dans les comédies contemporaines de Regnard ou de Marivaux.

L'évolution est donc patente. Elle apparaît même s'éloigner si fort de la représentation originale que la critique met en doute non pas tant le talent des comédiens que la légitimité d'une interprétation qui éloigne Tartuffe de la bassesse qu'on considère comme faisant le fond du personnage, et qui tend à éloigner la comédie du fond de bouffonnerie qu'elle comporte. Aussi, alors même que de nouvelles interprétations vont, dans la brèche ainsi ouverte, proposer des visions de plus en plus complexes et nuancées de la pièce, la question qui se fait jour est bien celle de la nature même de la pièce.

LE XIXe SIÈCLE

La réaction de Stendhal, à la suite d'une représentation où il a vu Fleury tenir le rôle de Tartuffe et Mlle Mars celui d'Elmire est, à cet égard, révélatrice : pour lui, non seulement « il faut avouer qu'on rit peu » — ce qui l'amène même à se poser la question : « Quels seraient les moyens de faire rire davantage dans *le Tartuffe* ? » —, mais ce défaut comique amène à considérer la pièce avec une attention particulière, du fait que « Molière a eu recours au principe tragique pour augmenter le plaisir des spectateurs » (voir J. Serroy, « Stendhal et Molière », *Stendhal Club*, 1995, n° 147). Analyse qui préfigure les grandes interrogations que les interprétations du XIXe siècle vont faire porter sur la pièce, et que justifient non seulement le jeu de Fleury et, après lui, dans la même veine d'un Tartuffe distingué, de Michelot, de Cartigny ou de Firmin, mais surtout celui de Mlle Mars, qui transforme radicalement l'approche d'Elmire. Alors que Louise Contat en avait fait une coquette, elle rend à l'épouse d'Orgon non seulement sa réserve et sa décence, mais lui fait vivre ses rapports avec Tartuffe comme un drame intime où tout son être se révolte, jusqu'à en perdre presque l'usage de la parole. Ce qui se joue ici, c'est bien un jeu cruel, où l'élégance pleine de retenue et d'embarras de la comédienne, face à un séducteur qui est tout sauf un rustaud, apporte une tension à la scène qui en élimine toute trace bouffonne. Dans cette interprétation, les effets comiques sont rejetés sur Orgon : c'est son personnage, d'ailleurs, qui apparaît alors de façon très symptomatique réservé à des acteurs gros et gras, à l'image du rond Devigny qui interprète le rôle vers 1810, donnant du bonhomme une image peu flatteuse de sot ridicule.

La voie est ainsi ouverte pour que, par un retournement à peu près complet, la comédie bouffonne tourne au drame. La vision romantique d'un Molière noir trouve tout naturellement dans *Le Tartuffe* une pièce de référence. Pour autant, l'initiateur de cette approche précède de quelques décennies la grande explosion des années 1820-1830. C'est au tout début du siècle, vers 1800-1810, qu'Alexandre Damas propose en effet un Tartuffe appelé à faire date, et dont les successeurs seront innombrables : plutôt épais physiquement, les épaules larges et le visage rouge, le comédien, loin de tirer de cette conformation les habituels effets bouffons, donne à son personnage l'allure inquiétante d'un être froid et cynique, dont toute la violence se trahit par quelques gestes esquissés, quelques inflexions de voix. Pour la première fois, Tartuffe apparaît véritablement inquiétant, et même, dans le côté étudié d'une attitude dont on sent qu'elle cache la force du désir et du pouvoir, un hypocrite d'autant plus dangereux qu'il paraît plus retenu. Les grands comédiens romantiques trouvent là une vision du personnage qu'ils vont développer dans des interprétations qui s'attachent toutes à faire de Tartuffe un individu sombre, cynique, cruel : avec Geffroy, Ligier, Beauvallet, l'hypocrite est un être âpre et sinistre, qui domine un Orgon soumis et une Elmire effrayée ; avec Fechter, cette force quasi diabolique du personnage se double d'une laideur repoussante, ressentie d'autant plus vivement par le public que le comédien présentait un des physiques les plus avantageux de son temps. Cette interprétation romantique se trouve quasi codifiée dans l'ouvrage que Perlet, comédien du Gymnase, publie en 1848, *De l'influence des mœurs sur la comédie*, où il s'attache particulièrement aux interprétations du *Misanthrope* et du *Tartuffe*, et où il conseille aux interprètes du rôle de Tartuffe d'éviter tout glissement vers le bouffon pour traduire au contraire une force menaçante, et à ceux du rôle d'Orgon de faire apparaître le personnage non comme un sot, mais comme un dévot que son fanatisme aveugle. Ainsi conçu, *Le Tartuffe* est bien un drame.

Cette interprétation domine la majeure partie du siècle. Elle n'empêche pas, néanmoins, surtout à partir des années 1850-1860, des variations, des nuances, des tentatives d'approfondissement ou de renouvellement. La fin du XIXe siècle voit les interprétations se diversifier et, à partir de la vision sombre qu'a imposée le romantisme, donne à la pièce une complexité toujours plus grande. Ainsi la tradition d'un Tartuffe distingué s'enrichit vers 1860-1880 avec Bressant, qui fait du personnage un vrai gentilhomme, élégant et séducteur, avec Leroux, qui le tire vers l'abbé de cour aux manières doucereuses, avec Frédéric Febvre, qui le présente comme un grand seigneur cynique, ou avec Gustave Worms qui en offre une image plus rageuse. Toutes ces interprétations conservent cependant un côté inquiétant, qui maintient la pièce dans le registre grave, surtout lorsque Orgon y apparaît, comme c'est le cas avec Leloir à la fin du siècle, comme un être lui-même contrasté, à la fois grand bourgeois, capable d'autorité et de courage, et en même temps comme une victime obnubilée par un mauvais génie et perdant sous son influence tout sens des responsabilités.

Cette accentuation tragique entraîne par contrecoup la volonté chez certains de retrouver une bouffonnerie ressenti comme répondant à l'interprétation originale de la comédie. Edmond Got, à la fin du siècle, revient ainsi à la conception d'un Tartuffe de plus petite volée, n'offrant que des sentiments vulgaires, vite dépité, et devant moins à ses propres ressources qu'à la sottise d'Orgon et à la fadeur d'Elmire la façon dont il réussit à s'imposer. Coquelin cadet, qui s'insurge contre le fait que « depuis 1830, on s'obstine à prendre Tartuffe au tragique », compose de même un personnage de jouisseur, à la fois fat et sournois, et dont le masque hypocrite ne cache que difficilement le côté ridicule ; tirant même résolument vers le burlesque, le comédien redonne ainsi au rôle toute sa charge comique. De même, le rôle de Dorine, tiré long-temps du côté de la soubrette piquante, retrouve avec Mme Kalb ou Mme du Minil un côté de franche fantaisie qui, sans donner dans la vulgarité où certaines interprétations avaient parfois pu verser, rend au personnage son côté direct.

LE XXᵉ SIÈCLE

À la charnière du XIXᵉ et du XXᵉ siècle, une certaine indécision règne donc dans la façon dont les comédiens abordent leur rôle. Coquelin aîné, loin de l'interprétation de son cadet, ne craint pas ainsi d'affirmer que « Tartuffe est un mystique. Tartuffe croit ». Un peu plus tard, Paul Mounet en fait un aventurier plein d'allant et d'allure, tandis que Silvain suggère, par son costume et ses manières onctueuses, l'homme d'église, là où Charles Le Bargy, revenant à la source, le montre comme un être d'instinct, goinfre, brutal, escroc de la plus vile espèce.

Toutefois, plus encore que par ces interprétations de grands comédiens, le début du siècle est marqué par l'avènement de celui qui va progressivement imposer sa domination sur la représenta-tion et transformer de façon radicale l'approche du répertoire : le metteur en scène. Désormais, le jeu de l'acteur s'insère dans une vision globale ; le rôle — gage jusqu'ici pour le comédien d'une performance essentiellement personnelle — s'inscrit dans une construction dramaturgique où il n'est qu'un élément d'un ensemble plus vaste. L'histoire des rôles fait place à l'histoire des mises en scène. Celle-ci commence, en octobre 1907, avec Antoine, qui propose, à l'Odéon, ce qu'on peut considérer comme la pre-mière mise en scène moderne du *Tartuffe*. De façon symptoma-tique, et entendant monter la pièce comme une pièce contempo-raine en lui apportant la même force spectaculaire, il fait porter l'essentiel de ses préoccupations non sur le jeu des comédiens mais sur le décor : au premier acte, on est dans le jardin d'Orgon, aux deuxième et troisième, dans une salle basse meublée de façon bourgeoise, au quatrième dans un petit boudoir qui sert les approches de Tartuffe et rend plus vraisemblable une conduite à la fois prudente, parce qu'échaudée, mais plus que jamais entreprenante ; au cinquième enfin, l'agitation qui règne prend place dans le vestibule ouvert à toutes les allées et venues et à tous les mouvements d'un dénouement riche en surprises. « À ces innovations faites, du reste, précise Antoine, avec un respect scrupuleux du texte, le chef-d'œuvre de Molière prend une importance spectaculaire aussi grande que pour une pièce contemporaine. C'est peut-être la première fois que l'un des plus grands génies du théâtre français n'est pas traité en parent pauvre » (Antoine, *Le Théâtre*, Éditions de France, 1932).

Les années de l'entre-deux-guerres sont marquées par la mise en scène de Lucien Guitry qui, en 1923, au Théâtre du Vaudeville, apporte au rôle de Tartuffe une innovation qui dépasse le simple jeu de scène : il donne en effet au personnage l'accent auvergnat. Façon, certes, de se singulariser, mais aussi et plus profondément de marquer le côté paysan, rustre, d'un personnage mal dégrossi, et par-là de couper avec toute idée d'une vision noble. Car, curieusement, Guitry joue de façon sobre, dans un registre uniformément sombre, qui essaie ainsi de dissocier le côté social — Tartuffe est un gueux — et la charge comique dont on l'affecte. Cette approche originale entraîne, par réaction, l'interprétation, en 1926, de Charles Grandval qui renoue avec la lubricité grossière et l'outrance sensuelle, jusqu'à donner à la scène avec Elmire un ton carrément scabreux, accentué par le peu de résistance que la jeune femme, qu'interprète Mlle Ventura, oppose aux caresses appuyées qui lui sont faites.

Une interprétation, reprise encore par Alcover, qui, manifestement, n'a pas l'heur de plaire à Louis Jouvet : « Actuellement on le joue en paillard. Si c'est ainsi qu'on me montre Tartuffe, moi je m'en vais ; je me dis : on me prend vraiment pour un imbécile. » Cette remarque, faite dans un cours donné au Conservatoire en 1939, (in *Molière et la Comédie classique*), montre que Jouvet n'aborde pas la pièce, dans sa mise en scène de 1950, à l'Athénée, sans une longue réflexion. Dans un décor de Georges Braque, très sobre, la maison d'Orgon apparaît comme un lieu austère dans lequel un Tartuffe quasi janséniste à la mine sévère, à la voix grave, au costume sombre à peine rehaussé d'un jabot blanc, se débat dans son propre drame intime : non pas tant un hypocrite poussé par la sensualité qu'un homme hanté par les forces du mal, sincère dans une foi qui l'a abandonné et dont il ne fait plus que mimer les gestes extérieurs face à un Orgon dont la lenteur impassible traduit, dans l'interprétation qu'en donne Pierre Renoir, le fanatique qui sommeille ; et sincère encore dans des sentiments amoureux qui, eux aussi déçus, donnent à ses entreprises avortées avec Elmire, qu'interprète une Monique Mélinand très froide et hautaine, le parfum amer d'une défaite. Un personnage doté au bout du compte d'un halo de tristesse qui, loin de le faire prendre en horreur, lui donne un côté mystérieux plutôt séduisant. Et une vision de la pièce qui, jusque dans le rôle de Dorine, à qui Gabrielle Dorziat donne la mine altière d'une gouvernante de grande maison, tire le spectacle vers le tragique.

Une telle interprétation, venant d'un maître, ne pouvait que faire réagir. La réplique théâtrale intervient dès l'année suivante, en 1951, à la Comédie-Française, avec la mise en scène de Fernand Ledoux. Jouant d'un visage plus rond et d'une sorte d'onctuosité dans le ton et dans les gestes, le comédien vise à rendre au personnage à la fois une sensualité visible et un côté hypocrite nullement troublé par des démons intimes. Franchement faux, répugnant dans ses manières douceâtres et ses mines enveloppantes, Tartuffe reste avant tout un comédien, tout en simagrées, que le jeu grimaçant de Ledoux ramène vers la comédie et la pantomime. La pièce, dans la maison de Molière, est ainsi rendue à l'esprit de sa création originelle, et les interprètes du rôle, Jean Marchat en 1953, Louis Seigner en 1956, restent d'autant plus volontiers dans la ligne retrouvée par Ledoux que quelques années auparavant, dans cette même maison, lors de la première reprise de la pièce après la guerre, en 1945, Jean Yonnel avait présenté un Tartuffe inquiet, presque martyr, souffrant du feu dévorant d'une passion contenue, proche déjà du Tartuffe de Jouvet.

Toutefois, cette variété d'approches, à la Comédie-Française comme sur d'autres scènes — par exemple au Théâtre des Champs-Élysées, où François Périer interprète en 1960 le rôle-titre dans une mise en scène de Jean Anouilh ou encore à la télévision où, sous la direction de Marcel Cravenne, c'est Michel Bouquet qui campe Tartuffe face à Jacques Debarry-Orgon et Delphine

Seyrig-Elmire —, relève d'une vision qui place le texte au premier rang et qui articule la mise en scène autour de lui. La grande nouveauté qu'apportent en 1962, sur la scène du Théâtre de la Cité de Villeurbanne, la première puis plus radicalement encore, en 1973 (année où sur une autre scène lyonnaise — le théâtre des Célestins — Jean Marais, sollicité pour tenir le rôle par Jean Meyer apporte à Tartuffe une séduction inattendue), la seconde mise en scène de Roger Planchon tient à ce que le texte s'inscrit lui-même, aux yeux du metteur en scène, dans une visée plus large, qui convoque tout autant les données historiques, idéologiques et sociologiques que psychanalytiques. En ce sens, la mise en scène de Planchon inaugure une ère nouvelle dans la représentation de la pièce : celle où la dramaturgie n'est plus inhérente à l'œuvre mais où en quelque sorte elle l'englobe. Il n'importe plus tant de s'interroger sur qui est Tartuffe que sur ce qu'il fait : la représentation ne se conçoit plus en tant que fidélité hypothétique au texte, elle est l'acte même du texte. Le scandale et la virulence des réactions sont à la mesure de l'audace : Planchon est accusé d'utiliser le texte comme un prétexte, et c'est, dit-on, Molière qu'on assassine. En fait, le travail du metteur en scène, approfondi de la première à la seconde version, s'articule autour d'interrogations surgies des problèmes très concrets d'interprétation, au sens scénique du terme, du texte. Qu'en est-il, ainsi, de l'espace où évoluent les personnages ? Dans la première version, René Allio crée un décor qui tend à montrer que la maison d'Orgon n'a rien d'un cadre petit-bourgeois et qu'elle traduit au contraire l'opulence du grand bourgeois lié à un pouvoir dont il a été le défenseur sous la Fronde, et en même temps qui souligne, par les peintures qui l'ornementent — Christ en pâmoison, descente de croix géante montrant un corps émacié tordu par un spasme à la fois physique et mystique —, les ambiguïtés du sentiment religieux en jeu dans les relations entre Tartuffe et Orgon. Le déroulement dramatique dénude progressivement ce décor, referme la maison comme un piège, laissant pour finir les murs nus et la scène vide, pour accueillir l'envoyé du roi et pour faire déboucher le drame religieux sur un dénouement politique empreint d'une brutalité qui traduit un ordre quasi totalitaire. Cette dimension politique double, pour en souligner la complexité, la dimension privée, Orgon entretenant avec Tartuffe une relation passionnelle, qui pour Planchon « porte un nom », et qu'il traduit en choisissant avec Michel Auclair un Tartuffe jeune et séduisant, pour lequel

l'Orgon sensiblement plus âgé de Jacques Debary nourrit un attachement répondant à une homosexualité qui pour n'être pas
consciente n'en est pas moins manifeste. Dans la seconde version
de la pièce, où le décor d'Hubert Montloup accentue encore, par
sa décoration baroque luxueuse alternant avec le côté disparate
d'une maison presque en démolition, l'impression d'un monde
mouvant en état de transformation, Planchon choisit d'interpréter
lui-même Tartuffe pour approfondir les mystères dont il est porteur, face à un Orgon auquel Guy Tréjan apporte une sobriété elle-
même lourde de sous-entendus. La violence du temps, l'homosexualité latente, les enjeux politiques sont ainsi autant de clefs
pour un spectacle qui marque durablement l'interprétation de la
pièce.

   Avec Planchon, la voie s'est ouverte vers des mises en scène qui
sont autant de remises en cause. Celle qu'Antoine Vitez présente au
festival d'Avignon en 1978, après l'avoir d'abord travaillée l'année
précédente à Moscou où il la crée en russe et avec une troupe
soviétique, se signale par une même volonté de soumettre la comédie à une approche dramaturgique qui en fasse apparaître les réso-
nances profondes. Ici, Tartuffe est totalement privé de dévotion,
de ridicule et d'hypocrisie. Il est le visiteur qui vient, dans l'ordre
apparemment lisse d'une maison de la grande bourgeoisie — que
le décor louis-quatorzien de Claude Lemaire charge d'une
richesse plastiquement très réussie —, apporter l'interrogation et
le trouble. L'ordre ainsi progressivement se lézarde, la stabilité
vacille, les perruques glissent, les costumes se débraillent. Le côté
juvénile et emporté de l'interprétation se trouve renforcé par le
fait que Vitez monte, dans le même décor et avec la même troupe
de jeunes comédiens, quatre comédies de Molière en même temps
— *Le Tartuffe* étant accompagné de *L'École des femmes*, de *Dom Juan*
et du *Misanthrope*. C'est le même souffle dévastateur qui passe
d'une pièce à une autre, traduisant, dans *Le Tartuffe*, cette révéla-
tion troublante de la vérité intime que le personnage, comme un
passant énigmatique doté d'un mystérieux pouvoir, apporte à
chacun de ceux qu'il croise : Orgon, préoccupé de son salut
jusqu'à en oublier ses responsabilités sociales et familiales, et
Elmire abandonnée par un mari trop absent, qui se pâme sous les
assauts d'un Richard Fontana en chemise bouffante au col largement ouvert.

Face à ce bourreau des corps, la Comédie-Française, qui avait donné en 1968, avec le couple Robert Hirsch - Jacques Charron, dans une mise en scène de ce dernier, une interprétation classique d'un Tartuffe sournois face à un Orgon épais, propose en 1980 une nouvelle mise en scène, signée Jean-Paul Roussillon, qui s'inscrit dans le fil des interrogations posées par Planchon et par Vitez. Un décor barré par un haut mur isole les personnages dans leur propre drame : Orgon, rendu presque fou par une foi dévorante, apparaît, sous les traits de Jean Le Poulain, portant la bure et égrenant son chapelet ; sa mère — Denise Gence — ne quitte pas son fauteuil roulant, et Dorine — Catherine Samie —, prise par l'atmosphère morbide de la maison, promène une mine angoissée. Face à ces victimes tremblantes, le Tartuffe de Jean-Luc Boutté, jeune et beau, offre des charmes pour le moins ambigus, et un dénouement brutal, dénudant son crâne de forçat, le fait apparaître presque comme une victime, lorsque les gens d'armes venus l'arrêter l'exécutent d'une salve vengeresse.

C'est le même côté séduisant qui caractérise le Tartuffe de Gérard Depardieu, dans la mise en scène que Jacques Lassalle donne au Théâtre National de Strasbourg en 1984. Mais cette séduction repose ici sur le côté équivoque d'un personnage dont la forte présence physique contraste avec une voix douce, presque féminine, sous une perruque blonde et un maquillage accentué. Orgon, que François Périer interprète avec une dignité toute de retenue, ressent pour ce personnage trouble et troublant une attirance douloureuse. Le décor de Yannis Kokkos, d'une nudité janséniste, élimine meubles et accessoires pour mettre à nu les cœurs et les âmes. Le drame est là, derrière les portes entrouvertes ; l'insécurité règne. On le sent dans l'adaptation pour le cinéma que Gérard Depardieu réalise lui-même à partir de cette mise en scène de Jacques Lassalle. Cette première réalisation du comédien se trouve d'ailleurs être la quatrième à l'écran après trois versions muettes, de Piero Fosco en 1908, d'Albert Capellani en 1910, et surtout de Murnau en 1926, qui en avait donné une mise en scène très expressionniste, avec éclairages violemment contrastés et gros plans insistants sur le visage d'un Emil Jannings bavant, suant, soumis à tous les dérèglements physiques d'une sensualité libidineuse. L'intrigue de Molière s'y trouvait par ailleurs curieusement enchâssée entre un prologue et un épilogue lui servant de cadre, et réduite aux quatre personnages de Tartuffe et de Dorine d'une part et d'Orgon et d'Elmire d'autre part, dans une opposition figurant le peuple face à la bourgeoisie.

Le cinéma, depuis la réalisation de Gérard Depardieu, n'est pas revenu au *Tartuffe*. Mais d'autres mises en scène très récentes ont montré, sur les planches, que les interprétations de Planchon, Vitez, Roussillon ou Lassalle n'en avaient pas épuisé toutes les significations possibles. Ainsi a-t-on pu voir la mise en scène très dépouillée de Bernard Sobel à Gennevilliers en 1990, insistant sur les rapports de force sociaux ; celle de Marcel Maréchal, au Théâtre de la Criée à Marseille en 1991, présentant avec Jean-Paul Bordes un Tartuffe très jeune, sensuel et avide sous des dehors doucereux ; celle de Jacques Weber, au Théâtre Antoine en 1994, interprétant lui-même, au milieu d'un décor semé d'obstacles nécessitant force gymnastique, un Tartuffe aventurier de grand style, fripouille pleine de superbe et d'aplomb ; celle encore de Benno Besson, la même année, au Théâtre de Lausanne, retrouvant l'esprit de son maître Brecht pour une mise en scène mêlant vitalité farcesque et vision grinçante, et présentant avec Jean-Pierre Gos un Tartuffe goguenard, souriant imperturbablement au méchant tour qu'il joue.

Une des dernières en date de ces mises en scène donne un autre visage encore à une comédie qui n'en finit pas de solliciter des approches nouvelles : présentée au festival d'Avignon en 1995, la mise en scène d'Ariane Mnouchkine devrait rester parmi les plus marquantes. Relisant la pièce à la lumière de toutes les formes d'extrémisme religieux qui agitent un monde abordant le xxiᵉ siècle sous la menace des intégrismes et des fanatismes de tout bord, elle manifeste cette vision universaliste par une distribution largement internationale, mêlant accents et dictions très variés. Elle apporte surtout à une approche politique de la pièce une signification que rendent sensible le décor et les costumes orientalisants : femmes voilées, marchands de rue, palabres sous le soleil méditerranéen d'une ville du Sud, et soudain, dans la maison baignée de chaleur et de joie de vivre, arrivée intempestive d'une Mme Pernelle tout de noir vêtue, faisant régner l'ordre au sifflet, puis, redoublant la menace, entrée d'un Orgon coiffé d'un fez et portant moustache de dictateur, régnant en maître et en pacha. C'est le monde oppressant de l'ordre masculin, que renforce encore l'apparition de Tartuffe, accompagné d'une bande de barbus à chemises blanches et longues redingotes noires. Avec lui et ses inquiétants disciples, le fondamentalisme entre en scène, sous un costume évoquant tout autant islamistes à turbans que juifs à calottes. Orgon, dans son catholicisme occidental, s'en fait le complice par sa démission. Mais Elmire, douce figure de femme portant l'espoir d'une délivrance, montre par sa malice et sa fermeté la voie d'une résistance propre à triompher de toute tyrannie domestique, politique et religieuse.

Si proche des préoccupations les plus contemporaines, la mise en scène d'Ariane Mnouchkine ne saurait, pour autant, marquer un point final. *Le Tartuffe* n'en a pas fini de solliciter l'interrogation et, partant, de susciter des représentations toujours renouvelées. À preuve, la façon dont Dominique Pitoiset envisage sa mise en scène pour la reprise de la pièce à la Comédie-Française, en mars 1997. Sur cette scène, et dans ce cadre plus que tout autre chargé de l'histoire même du théâtre de Molière, il axe sa réflexion sur la récurrence quasi institutionnelle de la pièce, œuvre du répertoire revenant de façon régulière et quasi obligatoire en scène. L'idée que sa propre mise en scène représente ainsi la énième représentation de la comédie — concrétisée par le chiffre qui s'inscrit au-dessus du décor et qui indique chaque soir le numéro, calculé depuis 1680, date de la fondation de la Comédie-Française, de la représentation à laquelle on assiste — désigne le théâtre lui-même comme axe central de la représentation. Le décor figure ce parti pris, qui présente une sorte de boîte fermée, comme en suspension — le théâtre —, à laquelle donne seule accès une toute petite porte en fond de scène. Dans le cadre neutre ainsi délimité, des personnages entrent — plus importants en fait que les comédiens qui les incarnent — et font entendre un texte dont le sens, chargé de toutes les conventions et de toutes les interprétations qui en ont marqué l'histoire, repose chaque fois, de façon lancinante, la question que cette mise en scène pose comme en abîme, et qui est précisément la question de la mise en scène. En s'interrogeant ainsi sur la représentation du *Tartuffe* au sein de sa propre représentation, Dominique Pitoiset redonne au théâtre sa valeur proprement poétique. Dans ce dispositif scénique dépouillé, la boîte théâtrale apparaît comme un vivarium, où le spectateur observe des sortes de marionnettes — les personnages — auxquelles, par la magie du verbe, du geste, du corps, du costume prolongeant ce corps, des comédiens, à l'image de Philippe Torreton, Tartuffe jeune, sombre, animal, donnent soudain vie.

De la comédie bouffonne au drame bourgeois, du déchirement intime à la tragédie sociale ou politique, *Le Tartuffe*, mettant en question la vérité à travers un jeu sur les apparences, a ainsi constamment sollicité l'interprétation. On peut simplement relever, à travers toutes ces approches si différentes, un dénominateur commun : chaque époque y a toujours retrouvé l'écho de ses préoccupations les plus profondes. Dans ce miroir changeant, la grande comédie humaine, tour à tour bouffonne et odieuse, risible et lamentable, fascinante et repoussante, n'en finit pas de se donner à voir.

BIBLIOGRAPHIE

1 / LE TEXTE

Le théâtre complet

À partir des éditions originales, publiées du vivant de Molière ; de l'édition des *Œuvres* de 1682, qui donne le texte authentique de certaines pièces et surtout présente les comédies qui n'avaient pas été imprimées du vivant de Molière ; de l'édition des *Œuvres de Molière* en 1734 enfin, qui établit le texte de façon plus complète, notamment en ce qui concerne le découpage et les jeux de scène, deux grandes éditions modernes présentent la somme de ce que l'on peut savoir aujourd'hui sur le texte et sur Molière, et constituent les éditions de référence :

— l'édition Eugène Despois - Paul Mesnard, dans la collection des « Grands Écrivains de la France », Hachette, 1873-1900, 13 vol.

— l'édition Georges Couton : Molière, *Œuvres complètes*, Gallimard, Bibliothèque de La Pléiade, 1971, 2 vol. (revue en 1976).

Les éditions du Tartuffe

Parmi les nombreuses éditions de la pièce, on retiendra :

Le Tartuffe des comédiens, Notes sur Tartuffe *par P. Régnier*, Paul Ollendorf, 1895.
Tartuffe, mise en scène de Fernand Ledoux, Le Seuil, 1953.
Tartuffe, mise en scène de Roger Planchon, éd. Pierre Brunet, Hachette, « Classiques du Théâtre », 1967.
Le Tartuffe, éd. Jean-Pierre Collinet, Le Livre de Poche, 1985.

2 / INSTRUMENTS BIBLIOGRAPHIQUES

La bibliographie concernant Molière étant très importante, quelques ouvrages ou articles permettent de s'y retrouver :

Alexandre CIORANESCU, *Bibliographie de la littérature française du XVIIᵉ siècle*, t. II, éd. du C.N.R.S., 1966 — Article « Molière ».

Maurice DESCOTES, *Molière et sa fortune littéraire*, Ducros, 1970.

Georges COUTON, « État présent des études sur Molière », *L'Information littéraire*, janv.-fév. 1973.

Jean-Pierre COLLINET, *Lectures de Molière*, A. Colin, 1974.

Paul SAINTONGE, « Thirty years of Molière studies : a bibliography, 1942-1971 », in *Molière and the Commonwealth of Letters*, Univ. Press of Mississippi, 1975.

Œuvres et Critiques, « Visages de Molière », VI, 1, 1981.

Par ailleurs, on dispose d'un très précieux inventaire de textes et documents du XVIIᵉ siècle :

Georges MONGRÉDIEN, *Recueil des textes et des documents du XVIIᵉ siècle relatifs à Molière*, éd. du C.N.R.S., 1965, 2 vol. — Supplément dans la revue *XVIIᵉ Siècle*, n° 98-99, 1973, en coll. avec Jacques Vanuxem.

3 / ÉTUDES D'ENSEMBLE

Biographie

Gustave MICHAUT, *La Jeunesse de Molière — Les Débuts de Molière à Paris — Les Luttes de Molière*, Hachette, 3 vol., 1923.

Georges MONGRÉDIEN, *La Vie privée de Molière*, Hachette, 1950.

Madeleine JURGENS et Élisabeth MAXFIELD-MILLER, *Cent ans de recherche sur Molière, sur sa famille et sur les comédiens de sa troupe*, SEVPEN, 1963.

*Situation de Molière par rapport à l'évolution générale
du théâtre comique*

Jacques SCHERER, *La Dramaturgie classique en France*, Nizet, 1950.

Antoine ADAM, *Histoire de la littérature française au XVIIᵉ siècle*, Domat, 1952, t. III.

Robert GARAPON, *La Fantaisie verbale et le comique dans le théâtre français du Moyen Âge à la fin du XVIIᵉ siècle*, A. Colin, 1964.

Pierre VOLTZ, *La Comédie*, A. Colin, 1964.

Charles MAURON, *Psychocritique du genre comique*, J. Corti, 1964.

Roger GUICHEMERRE, *La Comédie avant Molière, 1640-1660*, A. Colin, 1972.

Marc FUMAROLI, « Rhétorique, théologie et moralité du théâtre en France, de Corneille à Molière », in *L'Art du théâtre, Mélanges en hommage à Robert Garapon*, PUF, 1992.

Gabriel CONESA, *La Comédie de l'âge classique, 1630-1715*, Le Seuil, 1995.

Michel GILOT et Jean SERROY, *La Comédie à l'âge classique. Des origines à Beaumarchais*, Belin, 1997.

Études d'ensemble de l'œuvre

Paul BÉNICHOU, *Morales du Grand Siècle*, Gallimard, 1948, (rééd. coll. « Folio essais », 1988).

René BRAY, *Molière, homme de théâtre*, Mercure de France, 1954.

Maurice DESCOTES, *Les Grands Rôles du théâtre de Molière*, P.U.F., 1960.

Judd D. HUBERT, *Molière and the Comedy of Intellect*, Univ. of California Press, 1962.

John CAIRNCROSS, *Molière bourgeois et libertin*, Nizet, 1963.

Jacques GUICHARNAUD, *Molière, une aventure théâtrale*, Gallimard, 1963.

Marcel GUTWIRTH, *Molière ou l'invention comique*, Minard, 1966.

René JASINSKI, *Molière*, Hatier, 1969.

Harold C. KNUTSON, *Molière : An Archetypal Approach*, Univ. of Toronto Press, 1976.

Gérard DEFAUX, *Molière ou les Métamorphoses du comique*, Lexington, French Forum, 1980 (rééd. Klincksieck, 1992).

Gabriel CONESA, *Le Dialogue moliéresque, étude stylistique et dramaturgique*, P.U.F., 1983.

Michel CORVIN, *Molière et ses metteurs en scène d'aujourd'hui*, Lyon, P.U.L., 1985.

Jacques TRUCHET (sous la direction de), *Thématique de Molière*, S.E.D.E.S., 1985.

Georges FORESTIER, *Molière*, coll. « En toutes lettres », Bordas, 1990.

Peter H. NURSE, *Molière and the comic spirit*, Droz, 1991.

Max VERNET, *Molière, côté jardin, côté cour*, Nizet, 1991.

Patrick DANDREY, *Molière ou l'esthétique du ridicule*, Klincksieck, 1992.
Bernadette REY-FLAUD, *Molière et la farce*, Droz, 1996.

4 / ÉTUDES SUR *LE TARTUFFE*

Ouvrages

Jacques SCHERER, *Structures du Tartuffe*, S.E.D.E.S., 1966.
Robert HORVILLE, « *Le Tartuffe* » *de Molière*, Hachette, 1973.
Ralph ALBANESE Jr., *Le Dynamisme de la peur chez Molière : une étude socioculturelle de Dom Juan, Tartuffe et L'École des femmes*, Univ. of Mississippi, 1976.
Jerry L. KASPAREK, *Molière's Tartuffe and the traditions of roman satire*, Thèse, Univ. of North Carolina, 1977.
Gérard FERREYROLES, *Molière, Tartuffe*, P.U.F., 1987.
René POMMIER, *Études sur Le Tartuffe*, S.E.D.E.S., 1994.

Articles

Georges COUTON, « Réflexions sur *Tartuffe* et le péché d'hypocrisie, " cas réservé " », in *R.H.L.F.*, mai-août 1969.
Philip BUTLER, « Orgon le dirigé », in *Gallica*, Univ. of Wales Press, 1969. — « Tartuffe et la direction spirituelle au XVIIᵉ siècle », in *Modern Miscellany offered to E. Vinaver*, Univ. of Manchester Press, 1969.
Raymond PICARD, « *Tartuffe*, " production impie " », in *Mélanges R. Lebègue*, Nizet, 1969.
John CAIRNCROSS, « *Tartuffe*, ou Molière hypocrite », in *R.H.L.F.*, sept.-déc. 1972.
Jacqueline PLANTIÉ, « Molière et François de Sales », *ibid.*
Edward D. MONTGOMERY, « Tartuffe : the history and sense of a name », in *Modern Language Notes*, mai 1973.
Pierre CLARAC, « La Morale de Molière d'après *Le Tartuffe* », in *Revue d'Histoire du Théâtre*, janv.-mars 1974.
Francis L. LAWRENCE, « *Tartuffe* : a question of *honnête* behavior », in *Romance Notes*, 15,1, 1974.
Marcel GUTWIRTH, « Tartuffe and the Mysteries », in *P.M.L.A.*, janv. 1977.
André RENARD, « L'Ambiguïté de *Tartuffe* », in *L'Information littéraire*, nov.-déc. 1981.
William JAYNES, « Critical opinions of Cléante in *Tartuffe* », in *Œuvres et Critiques*, VI,1, 1981.

Jules BRODY, « Amours de Tartuffe », in *Les Visages de l'amour au XVIIe siècle*, Univ. de Toulouse-Le Mirail, 1984.

Gaston HALL, « L'Allusion chez Molière : l'innocence d'Agnès et le dénouement de *Tartuffe* », in *Dramaturgies. Langages dramatiques. Mélanges pour Jacques Scherer*, Nizet, 1986.

Alain NIDERST, « Les Défauts de *Tartuffe* », *ibid.*

Ronald W. TOBIN, « *Tartuffe*, texte sacré », *ibid.*

Marie-Odile SWEETSER, « Hypocrisie et dramaturgie chez Molière », in *P.F.S.C.L.*, XVI, 30, 1989.

Patrick DANDREY, « Tartuffe, Narcisse et la mélancolie », in *Théâtre public*, janv.-fév. 1991.

Francis ASSAF, « *Tartuffe*, sincérité de la feinte », in *Ordre et Contestation au temps des classiques*, Biblio-17, 73, 1992.

James-F. GAINES, « *Tartuffe* et les paradoxes de la foi », in *XVIIe Siècle*, juil.-sept. 1993.

Robert Mc BRIDE, « L'Imposteur bipolaire », in *Nottingham French Studies*, n° 1, 1994.

Sur les mises en scène du Tartuffe

Jacques COPEAU, *Molière (Registres II)*, Gallimard, 1976, coll. Pratique du théâtre, « Le Tartuffe », p. 182 à 197.

Louis JOUVET, *Molière et la Comédie classique*, extraits de ses cours au conservatoire 1939-1940, Gallimard, 1965.

—, *Témoignage sur le théâtre*, Flammarion, (1965), 1987.

NOTES

Nous avons principalement fait appel, pour définir le sens des mots, aux trois grands dictionnaires du XVIIᵉ siècle, désignés par les lettres :

A : *Dictionnaire de l'Académie française*, 1694.
F : Furetière, *Dictionnaire universel*, 1690.
R : Richelet, *Dictionnaire français*, 1680.

PRÉFACE

Page 35.

1. Doucement : sans trop s'indigner.

2. D'abord : « Incontinent, aussitôt » (R). Allusion peut-être à la décision de la Compagnie du Saint-Sacrement de Paris de tout faire pour empêcher la représentation du premier *Tartuffe*, comme le rapportent les Annales de la Compagnie : « On parla fort ce jour-là de travailler à procurer la suppression de la méchante comédie du *Tartuffe*. Chacun se chargea d'en *parler à ses amis* qui avaient quelque crédit à la cour pour empêcher sa représentation. » Le procès-verbal est du 17 avril 1664, soit près d'un mois avant la première de la pièce qui eut lieu le 12 mai.

3. Grimaces : « Sign. fig. feinte, hypocrisie » (F).

4. Politiques : « Adroit et fin, qui sait arriver à son but et s'accommoder au temps » (A).

Page 36.

1. Le roi et la reine virent le premier *Tartuffe* en mai 1664, puis la pièce dans sa version définitive le 21 février 1669, lors d'une repré-

sentation donnée en visite chez la reine. Condé de son côté fit jouer quatre fois le *Tartuffe* en représentation privée pendant que la pièce était interdite ; et une lecture en fut faite en privé chez Madame.

2. Préviennent : « Préoccuper (= gagner) l'esprit de quelqu'un » (A).

Page 37.

1. Supposer : « Tenir une chose pour vraie (...) Il ne se dit plus aujourd'hui que d'une chose qu'on présente comme une hypothèse » (F).

2. Les Confrères de la Passion qui, depuis 1402, date de création de la confrérie, représentaient les mystères de la Passion pour lesquels ils avaient obtenu le privilège de représentation à Paris. Au XVIIe siècle, ils louaient leur salle de l'Hôtel de Bourgogne aux Grands comédiens, les rivaux de la troupe de Molière.

3. Jean Michel, docteur en médecine, auteur d'un *Mystère de la Passion* (1490) et d'un *Mystère de la Résurrection* (s.d.).

4. *Polyeucte* (1643) et *Théodore, vierge et martyre* (1646).

Page 38.

1. Allusion à la morale des casuistes, à laquelle Pascal s'en était déjà pris dans ses *Provinciales*.

2. Allusion à la recrudescence des attaques portées contre le théâtre par les milieux dévots, comme en témoigne la publication en 1666 du *Traité de la comédie et des spectacles selon la tradition de l'Église* de Conti, l'ancien protecteur de la troupe de Molière, et du *Traité de la comédie* du janséniste Nicole en 1667.

3. L'expression est de saint Augustin, dans son *De consensu evangelistarum* (I, 51). Corneille le cite dans la préface de *Théodore*, affirmant que « c'est avec justice qu'il condamne celles [les pièces de théâtre] de son temps qui ne méritaient que trop le nom qu'il leur donne de spectacles de turpitude ».

Page 39.

1. Dans *La Poétique*. Le terme de comédie est à prendre ici, comme la plupart du temps tout au long de cette préface, au sens général de pièce de théâtre.

2. Allusion à Scipion Émilien et à Lélius, présumés collaborateurs de Térence. L'ensemble de ce développement est emprunté plus ou moins à la *Dissertation sur la condamnation des théâtres* de l'abbé d'Aubignac.

Page 40.

1. Pline l'Ancien rappelle dans son *Histoire naturelle* que « lorsque les anciens Romains chassèrent les Grecs de l'Italie, bien après Caton, ils firent mention expresse des médecins dans leur décret d'expulsion ».

2. Allusion à la condamnation de Socrate.

Page 41.

1. Réponse aux arguments développés par Conti et Nicole dans leurs traités.

2. Si l'on en croit le *Menagiana* (recueil de textes, anecdotes, bons mots rassemblés à propos de Ménage), ce prince n'est autre que Condé, ce qui est d'autant plus vraisemblable que celui-ci fut, contre son frère Conti, un des plus empressés défenseurs de Molière dans l'affaire du *Tartuffe.*

3. Il s'agit d'un canevas, non conservé, de *commedia dell'arte*, où un ermite grimpe de nuit dans la chambre d'une femme mariée.

PLACETS AU ROI

PREMIER PLACET

Page 43.

1. Il s'agit de la première requête présentée au roi, probablement au début d'août 1664, pour répondre aux attaques injurieuses de l'abbé Roullé, curé de Saint-Barthélemy, dont le *Roi glorieux au monde ou Louis XIV le plus glorieux de tous les rois du monde* avait été achevé d'imprimer le 1ᵉʳ août. Ce premier placet, tout comme les deux qui le suivent, ne figure pas dans la première édition de la pièce, publiée le 23 mars 1669 ; les trois n'apparaissent que dans la deuxième édition, parue le 6 juin 1669.

Page 44.

1. Sophistique : « captieux, faux » (R).

2. Toucher : peindre, exprimer, traiter. « Se dit encore en plusieurs sortes d'arts. On dit *ce peintre touche bien un arbre, un paysage, pour dire qu'il réussit fort bien à les peindre*. On dit de même qu'*Un poète a bien touché une passion, un tel caractère*, pour dire qu'il en a fait des expressions vives et naturelles » (F).

Page 45.

1. Le cardinal Chigi qui, se trouvant à Paris en juillet 1664, envoyé par le pape en mission auprès de Louis XIV après un incident diplomatique, en profita pour se faire lire le *Tartuffe* quelques semaines après sa représentation à Versailles.

2. Molière avait d'abord écrit : « Mess. les prélats », pensant probablement aux dignitaires qui accompagnaient le légat du pape. La correction qu'il apporte avec ce « nos prélats » montre qu'il entend aussi désigner des dignitaires de l'Église de France, et laisser à penser que certains ne sont pas hostiles à sa comédie.

3. Molière a la délicatesse de ne pas désigner le curé Roullé par son nom, mais toutes les attaques dont il fait état figurent bien dans l'ouvrage de celui-ci.

4. Me purger : « On dit *se purger d'une accusation, se purger d'un crime*, pour dire : Faire connaître qu'on est innocent » (A).

SECOND PLACET

Page 46.

1. Ce second placet fut porté au roi, qui faisait campagne en Flandre, par deux des comédiens de la troupe, La Grange et La Thorillière, qui quittèrent Paris le 8 août 1667, trois jours après la première représentation de *L'Imposteur*, qui avait eu lieu le 5, la pièce ayant été interdite dès le lendemain par le président Lamoignon, chargé de la police de Paris en l'absence du roi et lui-même membre de la Compagnie du Saint-Sacrement.

2. Qu'au lieu : si ce n'est au lieu où...

3. Cette indication vestimentaire semblerait prouver que, lors de sa première apparition, Tartuffe était vêtu en dévot, voire peut-être en homme d'église.

4. Molière lui-même parle ainsi de la « cabale » des dévots. Cabale : « Se dit de quelques sociétés d'amis qui ont entre eux une liaison plus étroite qu'avec d'autres (...) Il se prend ordinairement en mauvaise part » (F).

5. Surprendre : « Se prend aussi pour attraper, tromper, induire en erreur » (A). Le président Lamoignon passait pour un magistrat intègre, très attaché à ne pas se laisser influencer dans l'exercice de sa charge.

Page 48.

1. Ce troisième placet fut présenté au roi le 5 février 1669, le jour même de la représentation enfin autorisée de la pièce.

2. Selon Grimarest, il s'agit de M. de Mauvillain, filleul de Richelieu et ancien doyen de la Faculté de médecine de Paris. Molière le comptait parmi ses amis, et sans doute celui-ci était-il son médecin, toujours prêt à l'informer sur la médecine et sur le corps médical. C'est pour son fils que Molière demande le canonicat.

LE TARTUFFE

Page 50.

1. À propos du décor, le *Mémoire* de Mahelot indique : « Le théâtre est une chambre. Il faut deux fauteuils, une table, un tapis dessus, deux flambeaux, une batte. »

ACTE I

Page 51.

1. Ménage : « Gouvernement domestique, conduite que l'on tient dans l'administration de son bien » (A). Ironiquement, le mot désigne une gestion négligée, un désordre qui règne dans une maison.

Page 52.

1. « On ne se sert de ce mot que dans ce proverbe : " Cela ressemble à la cour du roi Pétaud ", pour dire qu'il n'y a que désordre et confusion » (R). Ce roi Pétaud — ou Pétaut — avait sans doute été un roi des mendiants et des gueux, régnant sur une confrérie plutôt remuante (d'où : une pétaudière).

2. Si une suivante désigne un emploi de dame de compagnie, plus élevé que celui de servante, l'expression de « fille suivante » est dans la bouche de Mme Pernelle une façon de rabaisser quelque peu la position de Dorine.

3. Forte en gueule : « C'est-à-dire, vous êtes trop insolente en paroles, vous répliquez trop » (R).

4. La rime est pour l'œil.

5. Sous chape : sous cape. Chape : « Se disait autrefois de toutes sortes de robes ou capes » (F).

Page 53.

1. Être de : être à la place de.
2. Cagot : « Faux dévot et hypocrite, qui affecte de montrer des apparences de dévotion pour tromper et pour parvenir à ses fins » (F).

Page 54.

1. Contrôler : « Sign. aussi : reprendre, critiquer, censurer les actions, les paroles d'autrui. Il se dit toujours odieusement » (A).
2. « On appelle proverbialement, par injure, *pied-plat*, un paysan, un homme grossier » (A).
3. S'impatronise : devienne le saint patron. « Se rendre maître insensiblement » (F).
4. Six deniers, c'est-à-dire un demi-sou !
5. Merci de ma vie : pitié pour moi ! grâce pour ma vie. « Est une manière de jurer dont se servent les femmes de la lie du peuple » (F).
6. Fantaisie : « L'imagination » (A).

Page 55.

1. Rebuter : « Rejeter comme une chose dont on ne veut point » (R).
2. Hanter céans : « Fréquenter, visiter souvent et familièrement » (A).

Page 56.

1. Médisance : le terme ne se distingue pas alors de calomnie. Médire : « Calomnier, accuser faussement » (F).
2. Le train : les nombreux visiteurs suivis de leur domesticité. « Se dit d'une suite de valets, de chevaux, de mulets, et particulièrement des gens de livrée » (F). Mais le mot peut avoir aussi un sens péjoratif : « On dit en mauvaise part qu'il y a du train dans une maison quand il s'y retire des filous, des garces, et autres gens mal-vivants » (F).

Page 57.

1. Les retours : revirements, repentirs. « Se dit fig. du changement, de la vicissitude des affaires » (A).
2. Contes bleus : contes populaires publiés dans la célèbre

Bibliothèque bleue, laquelle tirait son nom de la couleur de sa couverture.

3. Tient le dé : « On dit fig. qu'*un homme veut toujours tenir le dé dans la conversation,* pour dire qu'il veut s'en rendre le maître, et toujours parler » (A).

4. Au besoin : dans une circonstance grave, dans le péril, lorsqu'il en est besoin.

5. Dans *L'Introduction à la Vie dévote*, François de Sales classe les conversations — « s'entretenir de devis joyeux et aimables » — parmi les « passe-temps et récréations loisibles et louables ». En revanche, il classe la danse dans un autre chapitre : « Des bals et passe-temps loisibles mais dangereux » (*Œuvres*, éd. André Ravier, Bibl. de La Pléiade, 1969, IIIe partie, chap. XXXI et XXXIII, p. 220-222).

6. Et du tiers et du quart : « C'est-à-dire tout le monde indifféremment » (R).

Page 58.

1. Tour de Babylone : étymologie fantaisiste reposant sur une confusion plaisante entre Babel et babil, que l'on trouve déjà chez les conteurs du XVIe siècle.

2. Tout du long de l'aune : en faisant bonne mesure.

3. J'en rabats de moitié : « Diminuer de l'estime qu'on avait pour quelqu'un » (R).

4. Gaupe : « Femme mal propre et sale » (A). Furetière est plus précis : « Maussade et salope » (F).

5. Bonne femme : « On appelle un vieillard un *bonhomme*, une vieille femme une *bonne femme* » (F). Dans la réplique qui suit, Dorine joue sur le mot bon, en lui rendant son sens habituel de *plaisant*.

Page 59.

1. Coiffée : entichée. « Ce vieillard s'est coiffé de sa servante, il en est devenu fort amoureux » (F).

2. Nos troubles : allusion aux troubles de la Fronde (1648-1652), pendant lesquels Orgon est resté fidèle à son « prince », Louis XIV.

3. Directeur : directeur de conscience. La fonction de Tartuffe est ainsi précisée. Quant à la prudence dont il fait apparemment preuve, « c'est la première des vertus cardinales, qui enseigne à bien conduire sa vie et ses mœurs » (F).

4. Au plus haut bout : « On appelle fig. le *haut bout*, la place la plus honorable » (F).

5. L'indication de Molière vise surtout à souligner que les manières d'Orgon ne sont pas accordées à la civilité nouvelle, qui recommandait de ne pas roter.

6. Éblouir : « Surprendre l'esprit » (A), le troubler par des raisons spécieuses.

7. Cagotisme : néologisme forgé par Dorine sur cagot (voir note 2, p. 53 du v. 45).

8. Fat : « Sot, sans esprit, qui ne dit que des fadaises » (F).

Page 60.

1. Mouches : « Est aussi un petit morceau de taffetas ou de velours noir que les dames mettent sur leur visage par ornement, ou pour faire paraître leur teint plus blanc. *Les dévots crient fort contre les mouches*, comme étant une marque de grande coquetterie » (F).

2. *Les Fleurs des Saints* (1599-1601) était un gros livre de piété, dû au jésuite espagnol Pedro Ribadeneyra. L'ouvrage étant en deux volumes fort massifs pouvait servir de presse à repasser les mouchoirs de col, ces parures « en linge garni ordinairement de dentelles exquises, dont les dames se servent pour cacher et pour parer leur gorge » (F).

3. Amusement : perte de temps, retard. Amuser : « Arrêter inutilement, faire perdre le temps » (A).

4. Effet : « Exécution de quelque chose » (A).

Page 61.

1. Gros et gras... : Du Croisy, le créateur du rôle, avait cette complexion qui, selon les critères de la beauté du temps, offrait toute la prestance nécessaire pour jouer de nobles personnages.

2. Voir sur ce « pauvre homme », la notice p. 172.

Page 63.

1. Réparer : compenser.

2. Charme : « Attrait, appât, qui plaît extrêmement, qui touche sensiblement » (A). Mais le mot garde aussi son sens d'artifice, de sortilège : « Puissance magique par laquelle, avec l'aide des démons, les sorciers font des choses merveilleuses, au-dessus des forces ou contre l'ordre de la nature » (F).

Page 64.

1. Fumier : Le mot se trouve dans *L'Imitation de Jésus-Christ* : « Vraiment sage » est « celui (...)/Qui prend pour du fumier les choses de la Terre » (I, 3, v. 304-306), trad. Corneille, in *Œuvres complètes*, éd. G. Couton, Bibl. de La Pléiade, 1984, t. II, p. 816.

2. Cf. Évangile de Luc : « Si quelqu'un vient à moi, et s'il ne hait pas son père, sa mère, sa femme, ses enfants, ses frères et ses sœurs, et même sa propre vie, il ne peut être mon disciple » (XIV, 26).

3. Élancements : « Se dit encore en termes de dévotion, et signifie un mouvement affectueux et subit. En ce sens il n'a guère d'usage qu'en cette phrase : *les élancements de l'âme vers Dieu* » (A).

4. Garçon : « Valet à tout faire, et particulièrement quand il est seul à servir » (F). Mais le mot peut avoir une autre nuance : « Celui qui fait son apprentissage dans un certain métier. » Laurent, plus qu'un valet, serait alors un apprenti suivant en dévotion les traces de son maître.

Page 65.

1. Retirer : « Sign. aussi : donner refuge » (A).

2. Dans *La Cour sainte* du Père Caussin, on trouve le même trait appliqué à saint Macaire qui, pour avoir tué un moucheron avec trop d'impatience, alla se mortifier pendant six mois dans le désert.

3. Libertinage : « L'état d'une personne qui témoigne peu de respect pour les choses de la religion » (A).

4. Entiché : « Qui commence à se pourrir. Il ne se dit au propre que des fruits (...) Se dit fig. des personnes, pour marquer quelque défaut qu'on commence d'apercevoir en elles. *Cet homme est un peu entiché d'hérésie, d'avarice* » (F).

Page 66.

1. Façonniers : « Cérémonieux, grimaciers » (F).

Page 67.

1. Spécieux : « Qui a belle apparence » (F), qui cherche à se faire voir.

2. De place : de place publique. À rapprocher des charlatans qui montent « sur le théâtre en place publique pour vendre de la thériaque et autres drogues » (F).

3. Prompts : « Qui se met aisément en colère » (R).

4. Sans foi : sans bonne foi, sans « parole qu'on donne d'accomplir une chose » (R).

Page 68.

1. Faste : « Vaine ostentation, affectation de paraître avec éclat » (A). « Les hypocrites donnent l'aumône avec faste, comme faisaient les Pharisiens » (F).

2. Traitable : « Qui entend volontiers raison, qui se porte à l'accommodement » (F).

3. Appui : « Se dit encore fig. Faveur, crédit » (F).

4. Je suis votre valet : « On dit ironiquement à un homme : *Je suis votre valet*, quand on ne veut pas croire ce qu'il dit, ou faire ce qu'il désire » (F).

Page 69.

1. Foi : parole. Voir n. 4, p. 67 au v. 374.

Page 70.

1. Disgrâce : « Sign. aussi infortune, malheur » (A).

ACTE II

Page 71.

1. Sus : « Interjection dont on se sert pour exhorter ». (A). Allons, vite.

Page 74.

1. Mamie : mon amie. « Il ne se dit guère qu'en parlant à des servantes » (R).

Page 75.

1. Barbe : « Tout le poil qui est au-dessus des lèvres, aux joues et au menton » (R). La moustache que porte Orgon a sans doute été inspirée à Molière par celle, célèbre, de Scaramouche.

Page 76.

1. Soin : attention, « application » (R), « sollicitude » (A).

2. Gentilhomme : « Homme noble d'extraction, qui ne doit point sa noblesse ni à sa charge, ni aux lettres du Prince » (F). Le gentilhomme se distingue du noble anobli et Tartuffe, en s'attribuant une

gentilhommerie et des fiefs qu'il posséderait sur la foi de titres anciens dûment établis, s'octroie la plus enviée des extractions.

Page 77.

1. Confit : « Se dit fig. de ceux qui ont quelque bonne ou mauvaise qualité au suprême degré » (F).

Page 78.

1. Sot : cocu. « Sign. aussi le mari d'une femme dissolue ou infidèle » (F).

2. Ascendant : « En termes d'astrologie, horoscope ou degré de l'équateur qui monte sur l'horizon au point de la naissance de quelqu'un et qu'on croit avoir un grand pouvoir sur sa vie et sur sa fortune » (F).

Page 79.

1. C'est une conscience : une affaire de conscience. « On dit communément : *Faire conscience d'une chose,* pour dire : faire scrupule d'une chose parce qu'on croit qu'elle est contre les bonnes mœurs, contre la raison, contre la bienséance (...) On dit dans le même sens : (...) *c'est conscience* » (A).

Page 80.

1. Damoiseau : « Titre qu'on donnait autrefois aux jeunes gentilshommes » (A). « Aujourd'hui, il ne se dit qu'en riant, et marque un jeune homme beau, mais un peu efféminé » (R). « Se dit ironiquement d'un homme qui fait le beau fils, qui affecte trop de propreté, un galant de profession » (F).

Page 81.

1. Élire : « Choisir, prendre par préférence » (A).

Page 82.

1. Me rasseoir : « Se remettre du trouble où l'on était » (R).

Page 83.

1. Pas : « Démarche » (R). « Se dit des allées et venues que l'on fait pour quelque affaire » (A).

Page 84.

1. Occasion : adversité, d'après le sens militaire « combat et rencontre de guerre » (A).

2. Bourru : « Fantasque, bizarre, extravagant » (A).
3. Coiffé : entiché. Voir n. 1, p. 59 au v. 178.

Page 85.

1. Monsieur : « Titre d'honneur qu'on donne à celui à qui on parle ou de qui on parle, quand il est de condition égale ou supérieure » (F). Le terme n'a pas encore simple valeur de civilité et implique de la considération. Dorine l'emploie avec ironie.
2. Se mouche du pied : « On dit prov. et pop. d'un homme habile et intelligent que c'est un homme qui *ne se mouche pas du pied* » (A).

Page 86.

1. Coche : « Voiture posée sur quatre roues, qui est en forme de carrosse, à la réserve qu'il est plus grand, et qu'il n'est point suspendu » (F). Moins rapide et confortable que la diligence, le coche est le moyen le plus commun pour se déplacer.
2. Entretenir : avoir un entretien, « converser avec quelqu'un » (R).
3. La baillive : « La femme du bailli » (A). Selon Richelet, cette forme, qui est le féminin de « baillif », est du style burlesque. Le bailli est « celui qui dans une province a soin de la justice », alors que l'élu est « l'officier royal qui, avec ses confrères, distribue dans une certaine étendue de pays les tailles et les aides et juge de tous les différends qui naissent de ces choses » (R). La baillive et l'élue sont donc des notables de villes de province.
4. Dans la hiérarchie des sièges, les sièges pliants viennent après les fauteuils, les chaises et les tabourets. C'est un siège humble, réservé aux personnes de rang également humble.
5. Grand-bande : « *La grande bande des vingt-quatre violons.* Ce sont les violons de la chambre du Roi » (R). L'expression est ici ironique, pour désigner un méchant orchestre de province.
6. Fagotin : le singe de Brioché, le célèbre montreur de marionnettes qui se produisait au Pont-Neuf.
7. Je suis votre servante : « Ce mot entre dans quelques façons de parler de raillerie » (R) pour nier, contredire, refuser.

Page 89.

1. Sans doute : « Hors de doute, certainement » (A).
2. Recevoir : « Sign. encore admettre, accepter » (A).

Page 90.

1. Réussir : sortir, résulter, advenir.

Page 91.

1. Préviendra : devancera.
2. Gloire : fierté, amour-propre.

Page 97.

1. Souris : sourire.
2. Payerez : prétexterez.

Page 98.

1. La belle-mère : Elmire est la seconde femme d'Orgon.
2. Tirer : « Sign. aller, s'acheminer, et alors il est neutre » (F).

ACTE III

Page 99.

1. Faquin : « Terme de mépris et d'injure qui se dit d'un homme de néant, d'un homme qui fait des actions indignes d'un honnête homme » (A).

Page 100.

1. Transports : « Se dit aussi fig. en choses morales du trouble ou de l'agitation de l'âme » (F).

Page 101.

1. Haire : « Petit vêtement tissu de crin en forme de corps de chemise, qui est rude et piquant, que les religieux austères ou les dévots mettent sur leur chair pour se mortifier et faire pénitence » (F).
2. Discipline : fouet pour flageller, « instrument avec lequel on châtie ou l'on se mortifie, fait de cordes nouées, de crin, de parchemin tortillé » (F).
3. Tendre : sensible.

Page 102.

1. Convoiter : « Se dit plus particulièrement des désirs de la chair » (F).
2. Basse : « Se dit aussi de ce qui est au rez-de-chaussée. *Une salle basse* » (F).

Page 103.

1. Éclairer : « Sign. aussi épier, contrôler secrètement » (F).

Page 106.

1. Adroite : la prononciation — adraite — autorise la rime avec « secrète ».

2. Béatitude : « Félicité. Il ne se dit guère que de la félicité éternelle » (A).

Page 107.

1. Dans *Sertorius* de Corneille (1662), on trouve dans la bouche du héros un vers dont Molière s'est manifestement souvenu : « Ah, pour être Romain, je n'en suis pas moins homme » (IV, 1, v. 1194).

2. Charmants : les charmes se distinguent des appas, selon Ménage, en ce qu'ils désignent toujours des « beautés qui agissent par une vertu occulte et magique » (*Observations sur la langue française*, 1672). Et Furetière définit « charmer » par « faire quelque effet merveilleux par la puissance des charmes ou du démon ».

3. Intérieur : « Se dit ordinairement en parlant des choses de la conscience et des choses de piété. Il signifie cœur, âme » (R).

4. Bénigne : « Doux, favorable, humain. Se dit en parlant des astres et des cieux » (R).

5. Tribulation : « Terme de dévotion. Affliction, misère que l'on prend en gré comme venant de la part de Dieu » (F).

6. Vain : « Sign. aussi orgueilleux, superbe, qui a bonne opinion de lui-même » (F). Les galants se vantent, par vanité, de leurs bonnes fortunes.

7. Autel : « Mot poétique, pour dire une personne qu'on honore, honneurs suprêmes qu'on rend à une personne, maîtresse ou autre » (R).

Page 109.

1. Gouverner : « Se dit fig. pour avoir crédit sur l'esprit de quelqu'un » (F).

Page 110.

1. Vuider : « Terminer, finir, décider » (R). « Pour vuider d'affaires, il faut payer ce qu'on doit » (F).

2. Régaler : faire plaisir à. L'emploi est ici ironique, comme le souligne Richelet qui cite le vers en précisant : « Ce mot se dit

quelquefois en riant, pour dire donner de la peine, du chagrin, de l'embarras et des affaires. »

3. Caresses : « Démonstration d'amitié ou de bienveillance qu'on fait à quelqu'un par un accueil gracieux » (F).

Page 111.

1. Traverser : « Troubler » (R).

2. Iniquité : terme qui fait partie du vocabulaire de la piété. « On s'en sert pour signifier le péché, la corruption de la nature et des mœurs, le débordement des vices » (A).

3. Souillure : « Tache du péché, impureté de l'âme » (F).

4. Ordure : « Sign. fig. turpitude dans les actions, corruption honteuse dans les mœurs » (A).

5. Mortifier : « Faire quelque honte, ou quelque déplaisir à quelqu'un en le blâmant, le raillant, le jouant, ou en lui faisant voir sa sottise » (R). Dans le sens religieux, la mortification peut être physique (la mortification de la chair) mais « se dit aussi fig. en choses morales » (F).

Page 113.

1. Laissez-le en paix : élision ; prononcer « laissez-l'en paix ».

Page 114.

1. Confondre : « Troubler, mettre en désordre, étonner, surprendre tout à fait » (R).

Page 115.

1. Une tradition veut que Molière ait d'abord écrit : « Ô Ciel ! pardonne-lui (ou : pardonne-moi) comme je lui pardonne », puis qu'il ait atténué l'expression trop visiblement proche du *Pater*.

Page 116.

1. Foi : fidélité, probité, qualités dignes de foi.

ACTE IV

Page 119.

1. Éclat : « Sign. aussi rumeur, scandale » (A).

Page 120.

1. Colorer : « Sign. fig. donner une belle apparence à quelque chose de mauvais. *Colorer une injustice. Colorer un mensonge* » (A).

2. Tirées : tirées de loin, forcées.

Page 121.

1. Délicat : sensible à l'excès, scrupuleux. Le terme peut être pris au XVIIᵉ siècle en bonne ou en mauvaise part. Cléante en fait ici un emploi ironique.

Page 122.

1. Prud'homie : « Probité. *C'est un homme d'une grande prud' homie* » (A).

2. Trois heures et demie : c'est l'heure des vêpres, que Tartuffe n'oublie pas, même en semaine.

3. Industrie : « Adresse de faire quelque travail » (F).

Page 124.

1. Parlez à votre écot : « On dit prov. à ceux qui viennent interrompre l'entretien d'autres gens : *parlez à votre écot*, pour dire : allez entretenir votre compagnie » (F). Le terme d'écot « se dit par les cabaretiers des tables de ceux qui mangent ensemble » (F). « Parlez à votre écot » revient donc à dire : parlez à vos compagnons de table, mêlez-vous de ce qui vous regarde.

2. Admirer : « Regarder avec étonnement quelque chose de surprenant ou dont on ignore les causes » (F). Elmire reprendra le verbe dans le même sens au vers 1338.

3. Coiffé : entiché (voir n. 1, p. 59, au v. 178).

4. Être bien prévenu de lui : avoir des préjugés favorables à son égard.

Page 125.

1. Dévisager : « Défigurer, gâter le visage. *Ce chat est enragé, il vous dévisagera* » (A).

2. Et ne prends point le change : « On dit fig. qu'*un homme a pris le change*, qu'*on lui a donné le change*, quand on lui a fait quitter quelque bonne affaire pour en poursuivre une autre qui lui est moins avantageuse » (F). L'expression tire son origine du vocabulaire de la vénerie, où elle désigne un chien qui prend une fausse piste.

Page 129.

1. De même : de même nature, semblable.

Page 130.

1. Ennui : « Sign. aussi généralement fâcherie, chagrin, déplaisir, souci » (A). La même nuance très forte est à donner à l'*intérêt* qu'Elmire dit manifester pour Tartuffe, au vers précédent.

2. Suavité : douceur. Si Tartuffe applique le mot au plaisir des sens, il n'ignore pas l'usage qui en est fait dans le langage religieux : « Il signifie en termes de spiritualité certaine douceur qui se fait quelquefois sentir à l'âme quand Dieu la favorise » (A). Il utilisera de la même manière le terme de *béatitude*, au vers 1442.

Page 131.

1. Dans *Dom Garcie de Navarre*, Dom Garcie dit de même à Done Elvire :

> *Moins on mérite un bien qu'on nous fait espérer,*
> *Plus notre âme a de peine à pouvoir s'assurer ;*
> *Un sort trop plein de gloire à nos yeux est fragile,*
> *Et nous laisse aux soupçons une pente facile.*
> *Pour moi, qui crois si peu mériter vos bontés,*
> *J'ai douté du bonheur de mes témérités.*

(II, 6, v. 654-659).

2. Bénin : doux, bienveillant (voir n. 4, p. 107 au v. 981).

Page 132.

1. La *science* dont parle Molière est la casuistique, dont les Jésuites sont les grands spécialistes, comme le développe longuement Pascal dans ses *Provinciales*, et notamment dans la VIIe où, à propos de la direction d'intention, il prête la phrase suivante au bon Père : « Nous essayons de mettre en pratique notre méthode de *diriger l'intention*, qui consiste à se proposer pour fin de ses actions un objet permis. Ce n'est pas qu'autant qu'il est en notre pouvoir nous ne détournions les hommes des choses défendues ; mais, quand nous ne pouvons empêcher l'action, nous purifions au moins l'intention ; et ainsi nous corrigeons le vice du moyen par la pureté de la fin » (éd. L. Cognet, Garnier, 1983, p. 116).

2. Conduire : « Avoir la direction de quelque personne, l'instruire » (R).

3. « On guérit le rhume avec du jus de réglisse dont il y a de blanc, de gris et de noir » (F).

Page 133.

1. Dans la satire XIII, où il met en scène le personnage de l'hypocrite Macette, Régnier écrit :

> *Le péché que l'on cache est demi pardonné.*
> *La faute seulement ne gît en la défense :*
> *Le scandale et l'opprobre est cause de l'offense ;*
> *Pourvu qu'on ne le sache, il n'importe comment :*
> *Qui peut dire que non ne pèche nullement.*
> (Satire XIII, v. 128-132).

2. Témoins : témoignages, preuves. « Se dit quelquefois des choses inanimées » (F).

Page 134.

1. Il est pour : il est capable de, de caractère à, homme à.

2. « On dit fig. *faire venir quelqu'un à son point,* pour dire : l'obliger, l'engager adroitement à faire ce qu'on veut » (A).

3. Assomme : « Se dit fig. en morale des choses qui abattent l'esprit » (F).

4. De léger : à la légère, « trop facilement » (A).

Page 135.

1. « *En donner à garder* : c'est en faire accroire » (A), tromper, abuser. On trouve l'expression avec le même sens sous la forme plus elliptique de « en donner d'une » ou « en donner ».

ACTE V

Page 138.

1. Consulter : « Sign. aussi : conférer ensemble, délibérer (...). Régit aussi l'accusatif de la chose sur quoi l'on prend conseil. *Consulter une affaire* » (A).

Page 139.

1. Élire : « Choisir, prendre par préférence. Il se dit principalement des personnes » (A).

2. On reconnaît là l'expédient de la restriction mentale, dénoncé par Pascal dans sa IXᵉ Provinciale, qui permet par un artifice mental de « jurer qu'on n'a pas fait une chose, quoiqu'on l'ait faite effectivement » (éd. cit., p. 164).

3. Le pousser : le traiter rudement, le pousser à bout. « Se dit en parlant d'ennemis » (R).

4. Gueuser : « Quémander, faire métier de demander l'aumône » (A).

Page 140.

1. Tempérament : « Adoucissement, modération, accommodement » (R).

2. Prévenu : abusé.

Page 141.

1. Gauchir : « N'aller pas franchement et son droit chemin » (F), « Biaiser (...). Trouver des biais pour éluder, pour échapper » (R).

Page 143.

1. Décevoir : « Tromper » (R).

Page 145.

1. Instance : « Poursuite en justice » (R). À ce sens judiciaire, le mot peut ajouter toute idée d'action, civile ou policière, que Tartuffe pourrait entreprendre contre Orgon et les siens.

2. Tôt : « Promptement, vite » (A).

Page 146.

1. Ma sœur : l'expression sent son dévot, affilié sans doute à quelque congrégation pieuse.

Page 147.

1. Serviteur : « En termes de compliments, sign. affectionné à rendre de bons offices. *J'ai toujours été serviteur de votre maison* » (A).

2. Verge : « Se dit aussi de la baguette que portent les huissiers, sergents et bedeaux, pour faire faire silence aux audiences, et faire passage aux magistrats qu'ils conduisent » (F). Désigné comme simple sergent dans la liste des personnages, Monsieur Loyal se présente comme huissier ; Furetière en fournit l'explication : « Les *sergents à verge* ont aussi usurpé le nom d'huissier quand ils font des ventes de meubles. »

Page 148.

1. Vuider : « Terme qui se dit entre praticiens pour dire : sortir d'un lieu, en déloger par quelque sorte de contrainte » (R).

2. Remise : « Délai, retardement » (R).

3. Rébellion : « Révolte d'un sujet contre son seigneur, son souverain. On décrète sur le procès-verbal d'un huissier quand il y a rébellion à justice » (F).

Page 149.

1. Jupon : « Se dit aussi d'une espèce de grand pourpoint ou de petit justaucorps qui a de longues basques et qui n'a point de busquière » (F).

2. Pièces : « Terme de Palais et de pratique. Papier écrit. C'est toute sorte d'écriture qui sert à quelque procès » (R).

3. Surséance : « Mot qui se dit en terme de Palais. C'est le temps dans lequel on ne fait aucune poursuite. Sorte de délai » (R).

4. Ces *gens* sont les recors qui assistent l'huissier et lui prêtent main-forte s'il en est besoin.

Page 150.

1. Décréter : « Donner pouvoir à des sergents d'emprisonner une personne » (R).

Page 151.

1. Droit : raison.

2. Exploit : la sommation de vider les lieux.

3. Ébaubie : « Terme populaire et vieux, qui signifiait la même chose qu'ébahi, mais un ébahissement accompagné de quelque trouble ou faiblesse d'esprit » (F).

4. Selon l'édition de 1682, les vers 1815-1822 étaient omis à la représentation.

5. Consommer : « Achever, accomplir, mettre en sa perfection » (A).

6. Conseil : « Sign. quelquefois résolution » (F).

7. Vertu : validité.

Page 152.

1. Pas : « Démarche » (R).

2. Suite : conséquence.

3. Imposer : « Tromper, en faire accroire » (R).

4. Prétendre : « Aspirer à quelque chose, avoir espérance de l'obtenir » (F).

Page 153.

1. Amusement : perte de temps, retard (voir n. 3, p. 60 au v. 215).

2. Conduite : guide.

Page 154.

1. Expédier : « Se dit aussi pour faire mourir vite » (A).

2. Appris à : exercé à, fait à.

Page 155.

1. Cf. n. 2, p. 64 au v. 278.

2. Distraire : « Sign. encore détourner d'un dessein, d'une résolution » (A). Pour devoir en distraire : comme d'une chose qui devrait vous détourner d'agir.

3. Exempt : « Un officier établi dans les compagnies de gardes du corps (...) Ils sont ordinairement employés à faire des captures ou autres exécutions à la tête de quelques gardes ou archers » (F).

4. Tout à l'heure : « Sur l'heure, présentement » (R).

Page 156.

1. Selon l'édition de 1682, on sautait à la représentation les vers 1909-1916 et 1919-1932.

2. Ne surprend trop d'accès : n'obtient pas un accueil plus favorable qu'il ne mérite. Surprendre : « Obtenir frauduleusement » (A).

3. D'abord : « Incontinent, aussitôt » (R).

4. Vers : envers. Vaugelas condamne cette confusion, mais celle-ci reste courante en poésie, pour les besoins du vers.

Page 157.

1. Raison : « Se dit aussi de la réparation de quelque injure reçue » (F).

2. Retraite : départ, « action de se retirer » (A).

3. Dorine a déjà signalé que, lors des troubles de la Fronde, Orgon a su raison garder : « Et pour servir son prince il montra du courage » (v.182).

4. Succès : « Issue d'une affaire » (F).

RÉSUMÉ

ACTE I

Dans la maison d'Orgon, bourgeois parisien, Mme Pernelle, sa mère, reproche à toute la famille — Elmire, l'épouse d'Orgon, Damis et Mariane, ses enfants d'un premier lit, Cléante, son beau-frère — la vie dissolue qu'ils mènent et qui suscite, affirme-t-elle, la réprobation des personnes de bien. Elle leur oppose la sage conduite de Tartuffe, dévot personnage que le maître de la maison a recueilli et dont elle vante la sainte conduite et les pieux principes. Les autres membres de la famille sont plus réservés sur ledit Tartuffe et Dorine, la servante, exprime l'opinion générale en l'accusant de n'être qu'un hypocrite (sc. 1). C'est ce qu'elle confirme, une fois Mme Pernelle partie, à Cléante, à qui elle décrit l'aveuglement d'Orgon, dont Tartuffe profite pour essayer de régenter la maison (sc. 2). Damis demande à Cléante d'intervenir auprès d'Orgon pour conclure par un mariage la liaison de sa sœur avec Valère, à laquelle Tartuffe semble s'opposer et à laquelle lui-même est fort intéressé par le tendre sentiment qu'il porte à la sœur de Valère (sc. 3). Lorsque Orgon arrive, son seul souci est de s'enquérir de son cher Tartuffe, et les nouvelles que Dorine lui donne d'une indisposition d'Elmire l'intéressent moins que la bonne santé du « pauvre homme », comme il le désigne affectueusement (sc. 4). Orgon est en effet rempli d'admiration devant la dévotion de Tartuffe, dont il fait un éloge attendri. Cléante essaie d'éveiller chez lui quelque sens critique et de lui suggérer que cette dévotion peut n'être qu'hypocrisie, mais Orgon ne veut rien entendre. Et lorsque son beau-frère lui rappelle la promesse de mariage accordée à Valère pour épouser Mariane, il n'apporte que des réponses évasives (sc. 5).

ACTE II

C'est qu'Orgon a une autre idée en tête, qu'il expose à Mariane elle-même, laquelle en reste stupéfaite : il entend lui donner comme époux non pas Valère, mais Tartuffe (sc. 1). Dorine essaie de faire revenir Orgon sur sa décision. Mais elle a beau avancer tous les arguments — la condition sociale de Tartuffe, dont elle met en doute la prétendue noblesse ; le manque d'amour de Mariane, qui exposerait ce mariage à l'échec ; le déshonneur qu'Orgon lui-même en pourrait encourir — rien n'y fait : Orgon est décidé (sc. 2). À Mariane qui se désole et qui ne voit pas comment elle pourrait désobéir à son père, Dorine montre ironiquement l'aberration d'une attitude de soumission qui la mettrait entre les mains d'un mari tel que Tartuffe, et elle prêche la résistance (sc. 3). Valère, qui intervient, apprend la nouvelle et s'étonne de l'attitude attentiste de Mariane. Ce qui entraîne entre les deux amants une scène de dépit amoureux, et il faut que Dorine les rabroue pour que leur querelle cesse et qu'ils laissent éclater leur amour. Et, pour ce qui est de la tactique à adopter, Dorine invite Mariane à feindre d'accepter la proposition de son père et à faire traîner les choses pour qu'on ait le temps d'aviser (sc. 4).

ACTE III

Damis réagit avec violence à l'annonce de la décision de son père et menace de s'en prendre directement à Tartuffe. Dorine essaie de l'apaiser et lui fait valoir qu'il est préférable de laisser agir Elmire, à laquelle Tartuffe ne semble pas indifférent (sc. 1). Tartuffe entre. Tout à son esprit de mortification, il s'en prend à l'attitude provocante de Dorine, qui ne se gêne pas pour lui dire son fait (sc. 2). L'arrivée d'Elmire radoucit Tartuffe. Tandis que celle-ci essaie de lui parler du mariage de Mariane et de le sonder sur la question, Tartuffe, doucereux et enveloppant, montre à Elmire qu'il la désire et en profite pour lui faire une cour empressée. Celle-ci, tout en s'étonnant de pareille attitude de la part d'un homme de dévotion, l'assure de sa discrétion auprès d'Orgon, tout en lui demandant en retour de renoncer à Mariane et de favoriser l'union de la jeune fille avec Valère (sc. 3). Damis qui, d'un cabinet voisin, a tout entendu, menace, indigné par la conduite du feint dévot, d'aller tout révéler à Orgon (sc. 4). Mais lorsque celui-ci arrive et que Damis lui dit ce qui vient de se passer et comment Tartuffe a tenté de séduire Elmire (sc. 5), Orgon, incrédule et qui ne demande qu'à croire Tartuffe, se laisse abuser par l'attitude du dévot qui s'accuse de tous les maux et joue l'humilité offensée. Et, prenant la défense du malheureux qu'il affirme être persécuté par toute la famille, il confirme qu'il lui donne Mariane, et il chasse Damis en le déshéritant (sc. 6). Resté seul avec Orgon, Tartuffe se reproche le trouble qu'il apporte dans la famille et affirme qu'il vaut mieux qu'il s'efface. Orgon le supplie de rester et, pour lui montrer à quel point il lui fait confiance, il lui annonce qu'il en fait non seulement son gendre mais son unique héritier, et qu'il lui fait entière donation de ses biens (sc. 7).

ACTE IV

Cléante, indigné et préoccupé par ce qui vient de se passer, demande à Tartuffe, au nom même des principes chrétiens qu'il affiche, de pardonner à la fougue de Damis, de favoriser la réconciliation entre Orgon et son fils, et d'aider à rétablir ce dernier dans ses droits d'héritier. Mais Tartuffe se dérobe et Cléante n'en peut rien obtenir (sc. 1). Dorine apporte son concours à Cléante pour tenter de fléchir Orgon (sc. 2). Mariane éplorée supplie Orgon de lui permettre d'entrer au couvent plutôt que d'épouser Tartuffe. Mais Orgon reste insensible à ses prières comme aux avis de Cléante, et à Elmire qui le presse d'ouvrir les yeux sur ce soi-disant dévot qui a essayé de la séduire, il rétorque qu'elle n'a en l'affaire que cherché à favoriser le jeu de Damis (sc. 3). Décidée à montrer à son mari que Tartuffe est bien l'imposteur qu'elle l'accuse d'être, Elmire propose à Orgon une expérience que celui-ci accepte. Elle le cache sous une table, et lui demande d'être témoin de ce qui va se passer entre Tartuffe et elle (sc. 4). Tartuffe, qu'elle a fait venir, se montre d'abord prudent. Mais Elmire lui faisant valoir qu'elle n'a pas été insensible à sa déclaration et qu'elle ne s'est dérobée à ses avances que par pudeur, il se dit prêt à la croire si elle lui donne des preuves tangibles de ses sentiments. Il se fait de plus en plus pressant et Elmire a toutes les peines du monde à le repousser, espérant une intervention d'Orgon qui ne vient pas. Elle s'apprête donc à céder et envoie Tartuffe regarder si personne ne risque de les surprendre (sc. 5). Orgon en profite pour sortir de sa cachette, éberlué de ce qu'il vient d'entendre (sc. 6). Lorsque Tartuffe rentre, Orgon ose enfin l'affronter pour lui dire en face toute son indignation. Mais quand il veut le chasser, celui-ci lui réplique que c'est à lui, Orgon, de quitter la maison, dont il se dit désormais le maître (sc. 7). Devant l'étonnement d'Elmire, Orgon révèle la donation qu'il a faite à Tartuffe et s'inquiète de ce qu'a pu devenir une mystérieuse cassette (sc. 8).

ACTE V

Orgon explique à Cléante ce qu'il en est de cette cassette, qui contient les papiers d'un de ses amis compromis lors des troubles de la Fronde et dont celui-ci lui a confié la garde. Il se rend compte de l'imprudence qu'il a commise en confiant ladite cassette à Tartuffe. Dans son dépit, il envoie tous les dévots au diable, tandis que Cléante l'invite à plus de modération dans son jugement et l'engage à ne pas confondre vraie et fausse dévotion (sc. 1). Damis, qui vient d'apprendre ce qui se passe, menace de châtier Tartuffe (sc. 2). Mme Pernelle, elle, ne veut pas croire ce qu'Orgon lui dit pourtant avoir vu de ses yeux. Elle accuse la médisance et conserve toute sa confiance à Tartuffe (sc. 3). L'arrivée d'un huissier, M. Loyal, ne laisse pourtant aucun doute : il vient signifier à Orgon et à sa famille un ordre d'expulsion, qui leur enjoint de vider les lieux dans les vingt-quatre heures (sc. 4). Madame Pernelle est enfin désabusée, tandis que Cléante et Elmire se proposent d'élaborer une défense pour faire valoir les droits d'Orgon face à l'imposteur (sc. 5). Dans l'urgence, toutefois, Valère, qui vient confirmer que Tartuffe a remis la cassette compromettante à la justice royale, offre à Orgon son carrosse pour fuir sur-le-champ (sc. 6). L'arrivée de Tartuffe empêche cette fuite. Mais l'Exempt qui l'accompagne et qui vient, croit-on, se saisir d'Orgon, se retourne contre Tartuffe lui-même, qu'il arrête sur ordre du roi. Car le Prince a démasqué l'imposteur et, « ennemi de la fraude », il rétablit Orgon dans ses droits et, eu égard à sa loyauté lors de la Fronde, lui pardonne la faute qu'il a commise en gardant la cassette compromettante. Grâce au roi, Tartuffe sera donc jugé comme il le mérite, et Mariane va pouvoir épouser Valère (sc. 7).

DU MÊME AUTEUR

Impression Novoprint
à Barcelone, le 2 mars 2010
Dépôt légal : mars 2010
Premier dépôt légal dans la collection : avril 1999

ISBN 978-2-07-040932-7./Imprimé en Espagne.